向上一步

精益敏捷中的增长思维与实践

[荷] 尤尔根·阿珀罗（Jurgen Appelo）◎著

杨志昂 周子衿◎译

清华大学出版社

北京

内容简介

大部分业务模型的生命周期中，基本上都遵循"启动、扩张、稳定/上岸"这样的三部曲。本书收集了一些鲜活的实际例子，展现了新一代企业家和内部创业者在面对挑战时如何借力精益敏捷的原则来实现更好的发展。

通过对全球化创业公司和独角兽企业的采访，作者萃取出一手的珍贵建议，对处于业务生命周期各个阶段的企业家和连续创业者有重要的参考和指导作用，可以帮助他们在创业、持续运营和及时转向之间做出更好的决策。

北京市版权局著作权合同登记号 　　　　图字：01-2020-2328

@ 2020 Tsinghua University Press Limited

All Rights Reserved. This translation published under license. Authorized translation from the English language edition, entitled Startup, Scaleup, Screwup: 42 Tools to Accelerate Lean and Agile Business Growth, ISBN 978-1119526858, by Jurgen Appelo, Published by John Wiley & Sons. No part of this book may be reproduced in any form without the written permission of the original copyrights holder.

本书中文版由 John Wiley & Sons 授权给清华大学出版社出版发行。

本书封面贴有 Wiley 防伪标签，无标签者不得销售。

版权所有，侵权必究。侵权举报电话：010-62782989　13701121933

图书在版编目(CIP)数据

向上一步：精益敏捷中的增长思维与实践/(荷)尤尔根·阿珀罗(Jurgen Appelo)著；杨志昂，周子衿译.
—北京：清华大学出版社，2020.9

书名原文：Startup, Scaleup, Screwup: 42 Tools to Accelerate Lean & Agile Business Growth

ISBN 978-7-302-55709-8

Ⅰ.①向… Ⅱ.①尤… ②杨… ③周… Ⅲ.①企业管理 Ⅳ.①F272

中国版本图书馆 CIP 数据核字(2020)第 105947 号

责任编辑：文开琪
封面设计：Juan M. Franco　李　坤
责任校对：周剑云
责任印制：杨　艳
出版发行：清华大学出版社
　　　　　网　　　址：http://www.tup.com.cn, http://www.wqbook.com
　　　　　地　　　址：北京清华大学学研大厦 A 座　　　　邮　　编：100084
　　　　　社 总 机：010-62770175　　　　　　　　　　邮　　购：010-62786544
　　　　　投稿与读者服务：010-62776969, c-service@tup.tsinghua.edu.cn
　　　　　质量反馈：010-62772015, zhiliang@tup.tsinghua.edu.cn
印 装 者：小森印刷霸州有限公司
经　　销：全国新华书店
开　　本：178mm×230mm　　印张：17　　插页：1　　字　　数：362 千字
版　　次：2020 年 9 月第 1 版　　　　　　　　　印　　次：2020 年 9 月第 1 次印刷
定　　价：69.00 元

产品编号：084451-01

译者序

翻译的过程，于我们而言，也是一种"杀生就熟"和深挖行业动态的学习过程。

所谓"杀生"，指的是在翻译过程中，如果碰到以前没有见过或者见过但了解不够深入的专业术语，就感到比较兴奋，终于有机会在做好翻译工作的任务驱动下认真查证和了解其应用场景，搞清楚目标、过程与动机（what，how 和 why）。

通过翻译本书，我们得以了解股权众筹及其应用场景，同时还设想了作者在书中讲到的方式被国内和国外哪些企业用过，具体应用效果如何，哪些用得好，哪些还有待改进。此外，还有与创业和创新相关的术语，比如商业画布、精益画布、精益角色、北极星指标与海盗指标等，我们在完全吃透了的情况下，还在适当的地方以脚注的方式为读者给出了最有价值的说明，以帮助他们及时想起或者巩固这些方面的说辞，为将来的创业和创新铺平道路。

在集中了解这些术语之后，我们也时常有一些感叹。书中介绍的方法及其创始人，我们在充分了解之后发现，只要有实战经验，人人都可以对权威进行补充和完善，使自己的思想可以服务于特定的人群。就拿风靡全球的商业画布来说，这个框架包含 9 个要素，分别是 CS（客户细分）、VP（价值主张）、CH（渠道通路）、CR（客户关系）、R$（收入来源）、KR（核心资源）、KA（关键业务）、KP（重要合作）和 CS（成本结构）。但是，经常辅导大学生创业的阿什·莫里亚则"出于蓝"，在此基础上结合自己的经验，取其精华，设计了精益画布，一样的 9 个要素，但具体要素更适合没有创业和企业经营经验的大学生，这些要素分别是问题、方案、关键指标、独特卖点、门槛优势、渠道、客户群体分类、成本分析和收入分析。事实上，我们翻译的这本书也是作者在博览群书的同时，批判性地吸收和应用了一些观点和工具。博采众长，保持独立思考，对创业成功尤为重要。

所谓"就熟"，指的是能在翻译过程中，对自己以前熟悉的知识和信息进行验证，并在此基础上尽可能做到翻译的完美境界"信达雅"，在准确拿捏作者的观点之后，采用读者最容易接受的表达出来，这里就不再详述了。

任何一本专业书，都可能涉及到行业案例，涉及到行业动态以及活跃在这个领域中的一些知名人士。因此，在翻译过程中，我们不只是进行文字的翻译，还探究了文字以外正好可以启发更多思考的深层次的意义。比如我们这本书主要以创业的启动和扩张为主题，如果你对创业和风投感兴趣的人，显然可以通过这本书抄近道，管中窥豹，了解一下世界各地其他创业公司是怎么做的。

在作者的访谈对象中，涉及了广泛的垂直领域，比如主攻欧非市场的共享出行公司 Taxify，在对这家公司的创始人、商业策略和企业文化以及共享出行这个领域进行探索之后，我们结合自己的思考和经验，大致梳理并得出了自己独特的见解。起步于波兰的学习社交平台 Brainly 公司，让我们了解到在线教育的整体市场和差异化以及全球化思维对真正具有创新意义的想法的重要性。《愤怒的小鸟》制作人，让我们了解到手游也疯狂背后的三个发展阶段。股票交易应用 BUX 的首席执行官兼创始人尼克·博托特（Nick Bortot）谈到从小变大的秘密。着眼于垂直领域的欧洲最大加速孵化器 Startupbootcamp 的执行合伙人马克·威瑟林克（Marc Wesselink）谈到连续创业者所具备的特征。瑞典斯德哥尔摩 Fishbrain 首席技术官和我们分享了如何精准定位用户的初心。在作者提到 Startupbootcamp 执行合伙人的时候，我们顺藤摸瓜，惊喜地发现此人对创业者提出的忠告中，特别强调了敏捷，尤其是 Scrum 之于创业的重要性。这些来自一线创业者的洞见和思考还不止这些，对临渊羡鱼的读者具有非常重要的价值。

翻译的过程，同时也是一个收获的过程。比如，在翻译本书的非常时期，作者提到了 WOL 这种有声工作法，正好可以为抗疫这个特殊时期的所有远程办公团队提供一个恰到好处的指导。WOL 创始人作为德意志银行的一名总经理，主导过一次有 10 万员工参与的沟通实践在线论坛。无独有偶，我们也发现被亚马逊收购的美捷步也有一种很有意思的远程工作方式，每次视频会议开场的时候，会根据特定的主题选择音乐，比如，针对为公司长久发展献计献策这样的议题，选择的音乐就是 *Stayin Alive*。真正做事情的人，再远的天涯，也若比邻。

翻译的过程，同时也是一个温故知新的过程。书中提到硅谷教父史蒂夫·布兰克（Steve Blank），想起之前西门子硅谷创新中心来学校为我们学生做分享的时候，曾经提到他对政府的影响力，精益创业运动在美国甚至全球的蓬勃发展，他功不可没。其实，很早以前，他就曾经提过美国硅谷的今天是美国政府对科研、尤其是军事科技进行巨大投入的结果。

翻译也是一个精益求精的过程，亲爱的读者，如果你发现有疑问的地方，期待您反馈给我们。

前言

我有一个妙计。

我的计划是大一统，把最适用于企业初创期和扩张期的方法和工具与精益和敏捷社区普遍用到的原则和实践统一起来。它包括升级全球化品牌管理3.0（那是我在 10 年前发起的），从领导力实践到企业运营的方方面面。我的计划涉及彻底改变人们的学习方式，帮助他们进行自我提升和实现组织转型。在计划执行过程中，要做差旅安排，要开讨论会，要买咖啡，要续费社交媒体账户。

怎么回事？洗衣机在"哔哔"响，分分钟就把我拉回到骨感的现实。

我又在做白日梦了。我究竟在想啥呢？我甚至没法让我的创业团队严格按照计划实行。怎样才能让全世界留意到我的想法很重要呢？我不是教练或顾问。帮助其他企业转变工作方式不是我的工作，也不是我擅长的专业领域。我只是在创业的同时分享自己的一些经验而已。我会是一个很糟糕的顾问。就像我一直在说的那样，我发现我自己的问题比其他公司的问题更有意思，而且，这样的题材，我多的是！

有时候，我觉得自己像个冒名顶替者。我唯一的专长是博学，学很多可以帮助我解决问题的东西，然后公开分享我在此过程中所获得的见解。幸运的是，人们对此似乎还表示赞赏。所以，我就假设自己如果偶尔出了错，也不必为此而感到尴尬。只要我振臂一呼："我又有新的收获了！"人们就很愿意和我一起学。

今天是星期天。是进行反思的好日子，只不过洗衣机一直在"哔哔"响。太可怕了。

这本书快要杀青了。很高兴我做了写书这个决定。在过去的一年，我从我在欧洲各地所做的所有研究和访谈中学到了很多东西。我完全相信，我的业务现在前所未有的更好，因为我收集和选取了很多可以马上就可以落实的东西。我甚至想要建议所有初创公司创始人都该动手写一本自己的书。写吧，我一定会读的。

实际上，这是一个非常繁忙的星期天。除了整理和反思本书，我还有很多工作要做，比如为我们团队的下一轮资金众筹发布做准备。神奇的是，这恰好也是我把本书书稿交给出版商的第二天。从各方面的反馈看来，相当一部分人开始等待我新设立的 Shiftup 工作坊计划，我会把写书期间获得的想法用到工作坊中。也许，在结束林中骑行后，当晚就可以好好想一想。

哦，算了，其实我并没有什么妙计。

我只是整装待发，就像其他大多数创始人、企业家、企业内部专家和商业领袖一样。我尝试过上千个想法，其中有十几种方法似乎有效。我之所以比其他人更成功，是因为他们经常都是光说不练。在过去 20 年中，我学到的最重要的事情是"经常跌倒损失小"。创始人和领导者在做很多事情的时候就是这样的，在这么多的"分母"中，总有一些会取得巨大的成功。本书便是其中之一。

现在，我的老天，洗衣机一直在"哔哔"响，这到底是哪个产品设计师想出来的"好主意"？！

致谢

没有一本书是作者自个儿就能完成的，一如既往，这里要向各位致以诚挚的谢意。

特别感谢 Agility Scales 的同事，包括以前团队和现在团队的成员：Ceyda Erten，Dejan Nesic，Dariusz Baciński，Harald Paul，Iain Thackrah，Kirill Zotin，Mathias Daus，Paula Cassin，Paweł Urban，Pedro Medas，Ruaridh Currie，Thomas Kuryura 和 Tolga Özdemir。是你们，激励我进行异想天开的尝试；是你们，一路上陪我走到现在。感谢你们对我的信任！

数十名 CEO，CTO，CIO，敏捷教练，团队负责人及其他员工，他们来自欧洲各地处于初创期和扩展期的企业，他们都抽出时间接受了我的采访。从他们那里，我学到了很多东西，遗憾的是，我只能在本书中呈现出一小部分内容。无论怎样，我都要特别感谢他们，每个人都无私地分享了他们的简洁、成功和失败。

亲爱的读者朋友们，你们会感谢我的，因为，要是我把参与本书审阅的所有人一一列举出来，这本书恐怕会更厚。一共 129 个人！他们每个人审阅 1～3 章，没有他们的纠错和建议，本书就不会有现在这么高的质量。感谢他们当中的每一个人。

我还要感谢我的图书团队：后勤布兰登·布朗（Brandon Brown）、设计胡安·佛朗哥（Juan Franco）和营销推广萨拉·佩德拉（Sara Pedraz）。你们做得很棒，帮助我实现了初创和规模增长这个想法并使其取得了全球化的成功，衍生了很多新的业务。万事俱备，祈愿好运。

最后但并非最不重要的一点：感谢和拥抱我亲爱的拉乌尔。没有你，我会在哪里呢？也许形单影只，自个儿待在伦敦的某个阁楼里，形单影只，靠科幻小说来打发时间。可是，那样活着又有什么意思呢？

作者简介

通过自己创办的公司 Agility Scales，尤尔根（Jurgen）踏上了探明组织敏捷性未来的旅程。当计算机很快就要引导我们的工作和生活并帮助我们领导和管理团队的时候，我们为什么还要浪费时间来学习如何管理公司呢？

作为连续创业者、成功的企业家、作家和演讲者，尤尔根走在管理的前沿，帮助创新型组织在 21 世纪得以生存和蓬勃发展。他通过提供具体的游戏、工具和实践来帮助企业用更少的管理人员实现更好的管理。他还提供了一个平台，供全球各地的人们分享自己的做法和故事。

尤尔根（Jurgen）自诩为一个富有创造力的社交网络专家。但是有时候，他的身份是作家、演说家、培训师、企业家、插画家、经理、博主、读者、梦想家、领导者、自由思想者或……荷兰人。Inc.com 将他列入"前50 名领导力专家"和"前 100 名领导演讲者"榜单。自 2008 年以来，尤尔根（Jurgen）在 NOOP.NL 上写了一个受欢迎的博客，分享他对创意经济、敏捷管理、组织变革和个人发展的想法。他是《管理 3.0：培养和提升敏捷领导力》一书的作者，该书描述了管理在敏捷组织中的角色和作用。他写了一本小书《如何改变世界》，书中描述了一个适用于变更管理的超级模型。他最新出版的一本书（在你手上拿的这一本之前）是《幸福领导力》，书中提供了一些实用的想法，用于增强员工参与、改善工作方式和取悦客户。

目录

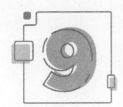

坚守梦想

产品愿景，用来激励团队成员、客户和投资人，对自己想要的未来建立一个心理画像

我们当中，许多人都是有梦想的。作为企业家、内部创业者、创始人、领袖和有创意的人，我们擅长于想象未来。我们想把这些梦想照进现实。

比如，要是没有糟糕的工作，没有糟糕的经理人，没有糟糕的企业，岂不是很好？！要是我们掌握了取得更优绩效的奥秘（以某种方式存储在数据和算法中，让机器随时随地帮助我们自动进行组织改进），岂不是很厉

译者注：本章名"Persistence of Vision"来自约翰·瓦雷（John Varley）于 1978 年出版的同名科幻小说。

害？！也许，就在不远的将来，不是由我们来指挥计算机如何进行无脑操作，而是它们主动辅助我们做**有意义的**工作，是不是想想都觉得美？！

可以预见，在未来的某一天，机器可以理解我们人类团队是如何众志成城和实现完美协作的。它们会为我们提供建议，比如"您可能想要在昨天的客户演示之后清空您的产品待办事项""这是您今天第 500 杯咖啡。庆祝一下，怎么样？我有一个很好的想法，可以给您的团队制造一个小惊喜。""嘿，您的上一次敏捷回顾已经过去了六周。这是行业内当前最流行的新一期回顾练习。"

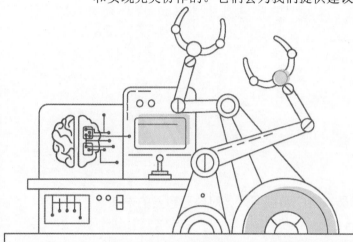

当人工智能有一天能够帮助团队进行招聘、绩效提升指导和达成组织变革的时候，谁还需要管理者来当监工呢？智能企业，这就是我梦寐以求的创业起点！每个人都热爱自己的工作，每个人都想把工作做得更好。我们还有智能化的机器帮助我们进行提升绩效。据我所知，机器学习算法还没有兴趣"染指"精英管理层（宽敞明亮的办公室、配备专职司机的豪车或者距离办公区域最近的专用停车位，这些都可以空出来给员工用）。如果真是那样，我们可以省下好大一笔钱，用不着在管理津贴、奖金和堆积如山的 PPT 打印稿上支出巨额开销。

我刚才描述的只是一个梦想。但好歹也是一个良好的夙愿。我深信，创新往往来自于像我们这样天马行空的梦想家。

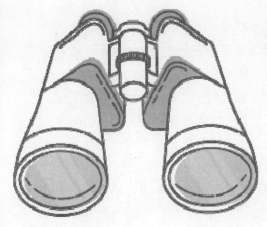

作为企业家、内部创业者、创始人、领袖或者创意工作者，都需要有一个产品愿景（Product Vision）。它要能描述出一个创新产品的本质：对于其用户和消费者，它要达成什么样的目标。一个伟大的产品愿景可以帮助人们从心理上遇见到产品将要交付的价值，仿佛他们置身于未来，正在听别人讲故事，讲述一项业务是如何取得成功的。

米卡尔·博尔科沃斯基（Michał Borkowski），Brainly 创始人兼 CEO，在他的办公室（位于波兰南部克拉科夫）抽空和我见了面。该公司成长迅速，原来的办公室用完，新的办公室还没有建好，他们几乎就迫不及待地入驻了。

我们辨识出全球扩张路线上所面临的机遇。全世界有 1.2 亿学生，而且每个学生每天需要学习辅导。如果我们思考 Brainly 当前要解决的问题，就是这个大问题。很多时候，我看到很多新创公司都是在努力解决一些微不足道的小问题。他们寻求的是摆在面前的一些更小的机遇。我们早期也是这样的。我们创办于波兰，当时并没有想过全球化机遇。我们心里想的就只有我们的祖国。经过三年时间，我们真正想清楚了我们为什么会走到现在以及我们想要达成什么目标。现在，明确大问题之后，我们可以依托于它来管理整个公司，实现我们的梦想。我愿意鼓励每一个新创企业的创始人和 CEO 都能够早于我们成为一个大梦想家，提前建立一个格局更大的愿景。

——米卡尔·博尔科沃斯基，Brainly 创始人兼 CEO，波兰克拉科夫我们之所以要精心建立一个愿景，是因为需要有一个大的方向，团队要在这个方向的指导下进行产品开发。我们可以天马行空，有很多梦想，然后明确表达出愿景，用不着去想具体的技术、市场和现金流。我们稍后再指出具体的细节。我们需要做的头等大事是鼓励我们自己和我们的联合创始人（如果有的话）、我们的初始团队成员（如果我们想要的话）以及任何一个投资人（如果我们需要的话）。没有身边的人鼓励，没有人会在意是不是要搞清楚如何才能实现目标。没有愿景，梦想可能无法成真。不要把产品愿景和战略计划混为一谈。和团队同一个梦想，并不是说你们要一起列出产品路线图上的特性列表。愿景不是精巧的措辞，是一个所谓的委员会花两天时间在某个康养度假胜地静修的时候敲定下来的。愿景不是印在咖啡杯上的口号（特指刚从自动售货机中取出的卡布奇诺）。相反，愿景是文字，投射的是未来的蓝图，要用通俗易懂的语言，要能说服朋友，让他们可以帮助您实现。而且，愿景要宏大、高远和吸引人。有梦想，才会有自己的团队。梦想，是区分领袖和领导的关键。

马克·韦瑟林克（Marc Wesselink），Startupbootcamp 的管理合伙人，坐在阿姆斯特丹一间共享会议室的大桌子旁，热情洋溢地和我说着话。整栋大楼入驻的都是创业公司，在我看来，这里乱中有序，创意无限。

> 回顾我走访过的几十个或者上百个创业公司，我注意到伟大的公司的确有与众不同的特征。有一个特征尤其明显。最棒的创始人都有方向感，有一个稳如磐石的真北（True North）。他们时时刻刻都在想着"格局大一些，要解决大问题"，其实，他们并没有想过具体通过什么方式哪些步骤为哪些消费者服务。他们想要灵活一些，只求一步一步地让梦想照进现实。这就是我目前所发现的最大差异。
>
> ——马克·韦瑟林克，Startupbootcamp 管理合伙人，荷兰阿姆斯特丹

我认为马克说得对。而且，不光是创业公司，就是努力证明其新的产品构想有可行性的小公司也如此。扩张型公司也不例外，这些公司的商业模式实证有效并为公司带来了成功，因而想要扩大市场和推出更多产品。老牌公司也如此，其领头人和内部创业者都在努力转型和重新发明组织使其不至于被新创公司和扩张型公司击败而黯然退出市场。

关于成熟型组织机构的管理，人们听得最多的抱怨之一是缺乏一个明确的方向。员工们都在忙着卖产品和服务，就是都不清楚公司的发展方向。没有一个员工感到自己每天早上是被"更美好的未来"这一梦想叫醒的。为了消除这个疑虑，传统公司的业务领头人需要向全体员工传达一个共同愿景。而且，需要始终如一、持之以恒地传达。一旦有了一个更高远的梦想，团队的创造力、协作力和忠诚度就会有一个翻天覆地的变化。这样一来，团队就能预见到未来可以取得的工作成果。没有人会梦想什么普通的产品特性，除非他们晚上做了噩梦。但是，想象一下这个世界未来会有哪些变化，这是值得好好发梦的。人们要说："如果那事儿很快就要尘埃落定，算我一个。我想和您一起参与！"

在芬兰赫尔辛基的某个地方，我当时正在狼狈地清理落在黑色大桌子上的湿茶包，另一边，叶妮·托洛伦（Jenni Tolonen）正在向我解释 Management Events 最初的愿景，她是这家公司的 CEO。

> 我们的创始人想要我们帮助芬兰人做 B2B 活动社交，把大家联系到一起。在今天这个数字化世界，如果线下活动引导有方，而且人们有很多共同爱好，有轻松的环境，参与的人就能建立起比较好的业务关系。他们可以有更多联系人。他们可以得到新的想法。说不定他们还可以借此机会解决自己的难题。我们的创始人就是这样想的，所以，我们就在这个基础上建立了我们的愿景。而且，我们很高兴我们已经取得了良好的进展。
>
> ——叶妮·托洛伦，Management Events 公司 CEO，芬兰赫尔辛基

冒着被认为是在卖弄学问和吹毛求疵的风险（说不定我这个人就是这样的），我认为叶妮指的是公司最初的愿景后来演变成为公司的目标或使命。该公司已经达成了最初的使命。他们已经意识到自己的梦想，现在他们想要为梦想付出更多的努力。

定义明晰之后，就有了目标（有时也称作"使命"），它揭示了为什么要这样行为做事。愿景是关于未来的。它对组织希望达成的崇高目标进行了详细说明。有目标，就有了意义，有愿景就相当于有了希望。使命的作用是推动，愿景的作用是拉动。我的吹毛求疵和卖弄学问到此为止。

关于愿景，一个鼓舞人心的例子是 The Ocean Cleanup，这是一家非营利组织，总部位于我的家乡荷兰鹿特丹。借助于风力推动系统和尖端技术以及利用顺流，这家组织想要在短短五年时间内清理掉大太平洋垃圾带上一半的海洋垃圾。在我写作本书的时候，该公司声称有望提前达成目标。The Ocean Cleanup 的创始人兼 CEO 是 24 岁的博扬·史莱特（Boyan Slat），他认为自己的愿景很重要，以至于已经把它"转正"为公司的名称!

创业失败并黯然退场的诸多因素中，有一个因素就是领头人对解决特定的问题缺乏激情或者说献身精神。业务目标飘忽不定，忽左忽右，说不定有时就只是原地打圈。公司就像是一个随时可以清理的垃圾袋，其他热情而年轻的创始人随时可能将其取而代之。这样的事情，可不能发生在您的身上。开始梦想吧!

您的梦想是什么？您的内心深处最在乎什么？您想要把哪个梦想变成

现实？梦想，可以不必是高大上到成为全球热搜，比如清理海洋垃圾。

其他的问题更重要，也许只是涉及一小部分人。产品愿景应该简单，足以让人们看得见、能理解和重复，即使您并不在他们的身边。

拒绝行话，拒绝浮夸，拒绝又长又复杂的句子。一个生动形象的心理画像就好，精准表达未来可以成为现实的愿景，要能清楚而持之以恒地传递和传播。

我的梦想是，计算机可以辅助着我们创造出更好的工作和更好的组织。这是我梦想中的美好世界。通过运用更好的技术，员工的幸福感更强。产品愿景（Product Vision）很适合我用来表达 Shiftup 业务生命周期的启动阶段。稍后我将告诉您更多详情。本书还会涉及很多主题。让我们从创始人故事开始吧。

相关说明、文章、书籍、案例以及下载资源，可以访问 https://startup-scaleup-screwup.com/product-vision。

你一生的故事

用心发现创业公司和成长型公司的业务生命周期，市场检验、运维执行和产品/市场契合度，要三思而行

"我要创业"这个想法萌发于纽约的联合广场公园。

那是 2016 年夏天。我在美国巡回宣讲，介绍我的前一本书《幸福领导力》，当时，我坐在公园的长椅上操心我自己的事，同时手里还拿了一本书在读。公园里，我的周围是来自世界各地的人，他们说着不同的语言，有着不同的衣服、发型、肤色和装饰。但是，毫无例外，大家都在自己的

译者注：本章名"Stories of Your Life and Others"来自姜峯楠（Ted Chiang）于 2002 年出版的同名科幻小说，后改编为电影《降临》。

智能手机上玩着同一个游戏《神奇宝贝》（*Pokémon Go*）。太可笑了。几百个陌生人拿着自己的手机走来走去，要抓看不见的口袋妖怪。我从未亲眼见过如此风靡全球的行为。我觉得这个世界简直疯了。

随后，我的脑海里灵光一闪，转念又想："作为一名商业教练、顾问和培训师，我们一直在殚精竭虑让组织中的员工做出行为上的改变。要想让区区几百名员工全面践行敏捷和精益，可能需要好多年的时间，因为组织变革实在是太难了。然而，短短的几周，就有几百万人都在玩《神奇宝贝》。那不也是行为上的改变吗？游戏的创作者是如何迅速实现这种行为改变的呢？老天对我们太不公平了！"

我意识到，在组织变革的路上，往往困难重重，因为通常都不会让人乐在其中。没有什么高明的算法能够为员工提供任务、宝物、关卡和徽章。公司办公室里没有五颜六色的小精灵可以让人抓（当然，误以为职场就该穿正装打领带的实习生不算在内）。就在那一刻，我看到了机会，并在后来把它放入融资演讲（Pitch Deck）问题那部分的幻灯片中：通过游戏化和机器学习来实现组织变革。那就是我想尝试的机会。那一刻，我的创业公司浮出水面，进入我称为"Shiftup 业务生命周期"的第一个阶段。

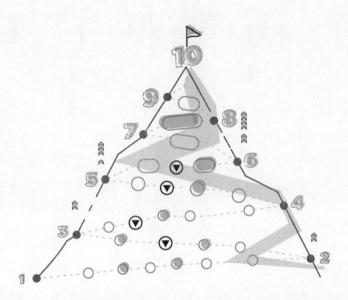

我想，我们可以将典型初创企业和大型企业的各个生命周期阶段或游戏关卡以视觉化的方式呈现出来。就像 PlayStation 游戏一样，第一关是出现新的业务构想，此后开始通关，走向下一关。最后一关是成功的业务模式带来此后漫长而繁荣的商业生活。在两个关卡之间的其他关卡中，业务模式启动、扩张并希望在此过程中不会被搞砸。我发现，有趣的是适用于有效变革的最佳规则和策略，取决于一个业务模式在整个生命周期中所处的阶段。老牌企业面临的挑战与年轻企业所面临的挑战不同。此外，初创公司一旦上了规模，该做什么和不该做什么也有明显的变化。商业游戏的规则随业务的进展而演变。

业务模式的生命周期似乎与人类的典型生命周期相似。对我们而言，刚生下来的那一刻，我们的人生游戏就开始了，到后来，我们苍颜银发（在某些情况下）准备告别世界，这就相当于游戏结束。在期间的其他阶段（少年和成年）希望我们可以战胜生活中的所有磨难，同时让自己保持忙碌的状态，比如完成任务、收集宝物和赢得徽章。在成长过程中，我们了解到我们蹒跚学步时可以做的事情（例如在公园里瞎跑）随着年龄的增长不可以再做了。（如果有人事先警告过我，就好了）同样，我们被告知不要再孩子气了，因为我们已经是青少年和年轻人了。（如果有人很早以前就提醒过我，就好了）对人类而言，该做什么和不该做什么取决于他们处于哪个人生阶段和他们的生活水平。人类如此，业务也不例外。

请注意，我指的是业务（我对业务模式的简称，不是指公司）的生命周期。创业公司是个临时性的组织，是要寻求可扩展、可重复且可盈利的业务模式。当业务模式通过验证之后，创业公司就变成了大公司。如果没有通过验证或者因为其他方式失败了，创业公司就完蛋了。失败在所难免，因为业务模式发展到跟不上更新的商业环境的时候，迟早都会完蛋。我们人呢，生下来，长大后，注定都会走向那一天。就这么简单。

只要公司只经营一种业务模式，就说明只有一个生命周期。但如果同时是一个启用了多个新的业务模式的老牌公司，就可以认为是一个家庭中有好几个孩子。孩子们有各自的生命周期。父母要为年幼的孩子提供资金，等父母年纪大了，孩子们各自从头开始自己的人生旅程。没有支撑其存活下来的支持性生态系统，就不会有新的业务生命周期。

作为领导者，您可能正在处理处于不同生命阶段的多个业务模式。公司只是法律和金融的容器。如果组织得好，驱动创业、扩张以及有时搞砸的，不是公司本身，而是业务模式。公司好比家族。通过不间断地自我更新，它可以存在很长一段时间。确实，这个世界上有很多家族的历史都可以追溯到几个世纪前。

我不止一次注意到，领导者和企业家之所以会搞砸事情，是因为他们在业务生命周期的错误阶段做了错误的事情。例如，初创公司的创始人经常都忍不住想要扩大业务规模，事先却不对业务模式进行全方位的验证。其危险程度堪比让还没有拿到驾照的孩子开车上路。其他企业家则只是还没有准备好进入下一个阶段，就不得不仓促应对迎面而来的重大问题。这就好比年轻人刚完成学业还不知道怎样谋生一样天真。另一个极端，老牌企业的领导者往往把新的业务构想视为常规的项目，他们期待能够预测到销量、预算、投资回报 ROI 和净利润（NPV）等数据。这就好比要求孩子们算一下他们长大后要返还给您多少生活费一样。

我认为，对业务生命周期阶段及其与上下文相关规则和实践缺乏认识，是造成业务搞砸的主要原因。了解业务在典型路径上的位置将有助于预测即将面临的挑战。它还有助于管理根据其生命周期的自然阶段来正确选择业务模式。为了获得升至最后通关的最佳机会，孩子和大人都需要在游戏中有不同级别的自由和约束。

让我们看一下 Shiftup 业务生命周期中的 10 个关卡，如图 2.1 所示。

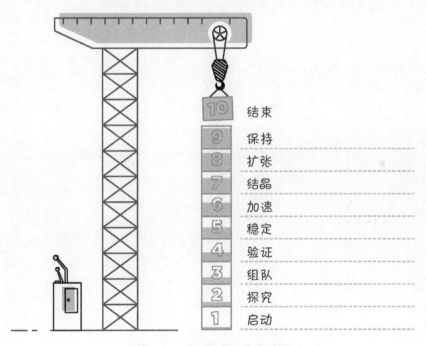

10	结束
9	保持
8	扩张
7	结晶
6	加速
5	稳定
4	验证
3	组队
2	探究
1	启动

图 2.1　Shiftup 业务生命周期

在**启动阶段**（1），业务只是一个关于新产品或服务的想法。它还没有自己的代理。像新生儿一样需要定期护理和关注，否则会衰微而早夭。

这个阶段，可以称为熟悉或准备期。在这一关，作为创始人/企业家或公司创始人的您，要开始探索想法的可能性和可行性。在这个阶段，您的收入来自于其他角色或工作，并且也许要和您的朋友讨论一下，在下一个关，他们可能会成为您的联合创始人或团队成员。

在第 1 关，需要完成产品愿景和寻求产品/方案契合度的所有准备工作，多收集信息，为下一关打下基础。如果能够确保有少量的时间和资源来开始研究并开始落实到行动上，这一关就可以结束了。

探究阶段（2）是创业公司的婴儿期。在这个阶段，我们将尽一切努力检查想法的可行性，并让婴儿能够活下来。在这一关，您的身份已经成为企业创始人或创业公司的领导者，因为您找到了办法，有资本对想法进行更多的探索和发展，通过自筹或者从 3F（朋友、家庭或现雇主或者前雇主）那里募集到种子资金。

这个阶段的重点，有时称为"客户发现"，是组建一个元老团队，这些联合创始人负责制定策略并定义第一个有待验证的业务模式假设。最重要的是，必须搞清楚自己脑海中想到的产品确实是客户想要的，具体方式是广泛与人们交谈，测试自己之前的最重要的那些假设。可以通过低保真的 MVP（最小可行产品）来完成这部分工作，MVP 是产品最基本的原型，能让您用来评估潜在客户的反应。

确认问题/方案契合度之后，这一阶段才宣告结束。您发现了一个值得解决的问题；特定的目标用户群体愿意为您提供的解决方案（可行性）付费，而且您也有能力做出这样的方案（可行性）。

只有在**组队阶段（3）**，您才开始成为真正的创始人或商业领导者。现在，您的创业还处于蹒跚学步阶段。开始对外交流，开始有自己的思想和行为，但在它尝试了解周边环境的时候，仍然少不了日常的关照。

从这一关开始，已经验证完问题/解决方案契合度，意味着可以开绿灯，动手构建产品。但首先，要准备好股权结构，并且产品开发的资金得由创始人、朋友和家人或可能通过供应商、早期种子客户、业务天使或企业创新委员会提供。

在这个阶段，您和您的联合创始人全心全意投入新的业务中。毕竟，如果就连创始人也无法说服自己退出常规工作并将自己的一些资源投入创业公司，则说明这个想法可能不足以引起其他人的关注。

这个阶段可能会涉及股东协议、期权协议、补偿协议和专业顾问。在这一关的最后，您已经实现了愿景/创始人契合度（Vision / Founders Fit）：联合创始人纷纷同意长时间参与其中，共同实现他们的愿景。到第三阶段，大人可以脱手，让小娃娃自己玩和蹒跚走跑。但是，在这一关之后，将获得突飞猛进的成长！

在**验证阶段（4）**，小孩子开始学东西了，他们要么上学，或者再也不会干傻事（比如玩火烧房子）。创业公司开始于寻求产品/市场契合度：验证所有的业务模式假设。这个阶段难住了许多创业公司。在这一关，要持续证明您的业务模式假设，直到能看出进展良好、增长和收入的征

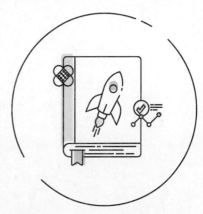

兆。在尝试以最慢的速度烧光钱的同时，全面而透彻地了解客户，洞察他们的需求。花大把时间来打磨高逼真的 MVP，比如调整和修补，有时还需要反向调整和从头创建，这样的 MVP 是稳步演变的，从早期的原型到接近于成品的发布版本。

在验证阶段，不仅要验证产品的成功，还要验证市场的规模。当产品受到广泛的好评而且证明很有市场前景的时候，就说明您可以通关了。但是，因为根据定义，这一关是对未知的疆域进行广泛的探索，因此可能需要募集好几轮资金才能到达"应许之地"。在这个阶段结束的最后，已经搞定了产品/市场契合度这个挑战：构建了客户想要的东西、他们想要用的东西以及他们乐于推荐给别人的东西。另外，您可能通过很多方式抄近道，尽早确认了自己前进的方向是正确的。

爱沙尼亚塔林，一间时髦、厂房改装的临时办公室内，Taxify①总经理瑞娜·茵伯格（Riina Einberg）坐在休闲椅上，讲述着她在爱沙尼亚连续创业的经历。

> 我不是首席财务官或会计师，但是我做了大量财务工作并一直在努力搞清楚适合初创企业的极简解决方案，因为，如果过早聘请财务专家，他们往往会对我们这样的小公司小题大做。
>
> 在早期阶段，初创公司通常变化非常快。所以，企业需要有人说："好吧，让我们做到足以满足当前阶段的需求就好，让我们为

---

① 译者注：创办于 2013 年的网上约车公司，2014 年获得爱沙尼亚最佳 app 奖并开始拓展海外业务。2018 年，Taxify 获得有史以来最大的一笔融资，价值 1.75 亿美元，其估值达到 10 亿美元，成为爱沙尼亚的新晋"独角兽"。该轮融资由德国汽车集团戴姆勒领投，中国滴滴和欧洲风投基金 Korelya Capital 等参投。在此之前，Taxify 已经获得了滴滴的资金支持。截至 2018 年 6 月，Taxify 的业务横跨欧洲、非洲、西亚和中美洲共 25 个国家和 40 多个城市。该公司在全球拥有约 1000 万用户和 50 万名司机。

下一阶段稍微做些准备。在某个时间点，也许我们需要这样的专职财务人员来做全职、更专业的工作。但是目前，这就足够了。我们只处理这个部分，其余部分留到以后再说。"这一直是我在财务部门、人力资源、IT 和办公室管理中扮演的角色。

瑞娜·茵伯格，Taxify 总经理，爱沙尼亚塔林

关于创业，大家都知道许多创业公司之所以会失败，就是因为太着急赶着上规模。仅仅知道产品行得通而且还有很大的市场，是不够的。在升到加速这一关之前，首先需要改进流程的质量。只要是在寻求业务验证结果，就可能有手动记账和管理系统。在客户服务上花的时间比在质量控制上花的时间更多。最有可能的情况，是您在验证产品并和所有客户进行私下交流的同时，可能不会花太多时间在营销计划和合作伙伴渠道上。正如瑞娜·茵伯格说，在当前这一关，要抄近道，只做必要的事情，只需要在下一关开始之前稍微做一下计划。

在稳定阶段（5），小孩儿长成了翩翩少年，但还没准备好去上高中，还不知道如何照顾自己。创业公司要花时间修复过程中的漏洞。基础还没有建好之前，不要准备上规模。这个阶段应对的是业务/市场契合度挑战：一一验证余下对客户渠道、业务合作伙伴关系和业务模式其他部分的假设。而且，必须把工作委派给有经验的合格管理团队，他们知道如何在融资进入加速阶段的同时扩大业务规模，也许也叫所谓的 A 轮怎么的，由风险资本来领投。

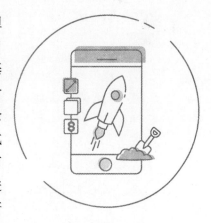

验证和稳定级别通常合称为"客户验证"。它们是创业公司的青少年阶

段。在这两关，实验和学习都与探索世界和理解各种选择有关。在生命周期的这个阶段，首先建立一个很多人都想要的产品，并测试业务模式是否可以重复、可以盈利以及可以上规模。

区分产品/市场契合度和业务/市场契合度很重要。在验证阶段，您做的东西是无法扩展的，并且在验证产品最基本的相关假设时选择的是走捷径，怎么简单怎么来。在稳定阶段，可以解决无法扩张的问题并准备好业务模式，以便能够上规模。许多创始人、企业家和内部企业家都发现两者很难区分，因为大多数创业相关著述都把客户验证和产品/市场契合当作一个阶段，而将业务/市场契合度搁在一边。但是，幼童和大童的游戏规则不同。在有成熟的产品之前，不需要可以规模化的组织。在不知道产品是否可行的情况下就盲目上规模，显然是不明智的。

稳定阶段是业务仍然被当作是新创业务的最后一个阶段。从下一阶段开始，我们要考虑如何上规模。把童年远远地留在身后，挂挡切入成年人的世界。

Gamevy 首席执行官保罗·多曼–达沃（Paul Dolman-Darrall），在他位于伦敦中部的小办公室中解释道，他的公司苦苦挣扎了整整三年后，突然就成规模了。

> 我们的观念从"不花钱"转变为"花钱"。明智、谨慎，但钱是一定要花出去的。不拖慢公司发展的步伐。少关注资金，重点关注时间。我认为我们思维方式的重大转变发生在生存和扩张之间。生存，关心的是不惜一切代价，想方设法不花钱。现在，既然我们开始上规模，关心的则是想方设法不惜一切代价赶时间。因为现在，决定我们生死的，是时间，不是金钱。
>
> 保罗·多曼–达沃，Gamevy 首席执行官，英国伦敦

在**加速阶段**（6），有时也称为"客户创造"，重点是适当平衡探索和执行。就像家庭一样，孩子现在正处于青春期，当前的体验和学习要侧重于如何在未来取得成功。

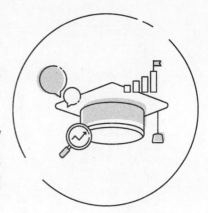

一旦创业公司完成验证产品/市场契合度和业务/市场契合度的工作，竞争对手就很容易直接跟风，抄您的工作成果。这意味着您的业务必须转向一个更高端的机制。进入这个阶段以后，要尽一切努力防止在竞争中失去优势，创业失败，多半都是由于这个常见的原因。

业务模式在扩张的过程中，重点在于收入和市场份额的增长。它已经找到了稳定的收入来源，但仍然可能难以维持一个可持续增长的现金流。业务面临的挑战是，在产品有效运行的同时，吸引越来越多的客户，但同时又不至于超出自己的业务处理能力。在扩张过程中，可能需要再次融资，通常称为 B 轮。

处于这一关的企业领导者，面临的挑战是专心处理一系列接踵而来的全新需求，包括招聘、职责、伙伴关系和组织文化。企业用更正规的组织结构来取代之前非正式的学习团队，可能包括销售和市场营销，业务开发、产品开发和具体负责所有细节执行的管理人员。大量的精力花在优化、委任、自动化、推进和外包这些业务流程上。

在青春期的某个时刻，我们会说孩子已经成为一个小大人，因此享有与其他成年人家庭成员一样的权利和义务。现在的期望是在后续的人生过程中，要表现得像个成年人。

在**结晶阶段**（7），业务可以算是一个初出茅庐的成年人了。它已经成功地度过了充满挑战和令人兴奋的加速阶段（我假设我们都对自己的青少年

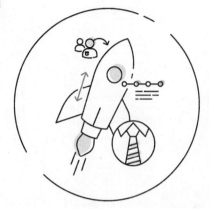

时期有着特殊的回忆）您可能会看到销售增长逐渐放缓，甚至可能变成线性增长，而不是呈指数增长。经营业务成为日常。在这个阶段，它比以前更容易吸引人员和资源，因为公司已经通过一个稳固、而清楚的业务模式走上了正轨。在另一方面，公司最初的创业文化可能随着时间的推移而逐渐消亡。业务做久了，大家也许会觉得公司正在成为一个普通的大公司。

在第 7 关，竞争加剧，意味着公司必须花时间改善业务流程才能进一步提升生产力和效率。当公司需要更多资金时，可能会开始启动 C 轮融资，通常由股权机构和投资银行牵头，重点主要在于提高利润和准备进行下一步扩张。

这也是年轻人开始生发的最佳时机，如果青春期的时候错过了的话。稳定的业务模式已经准确到位，在继续生命周期的同时，发起和资助新的想法，然后可以将其作为公司内部创业来进行管理。

第 7 阶段也是新业务创始人推动 IPO 或出售给大公司的典型关卡。创始人坚持保持现状并让自己一直做下去，只是极少数的特例。他们通常都想向前，在其他地方从头开展新的业务。

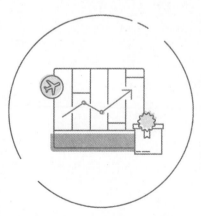

在**膨胀阶段（8）**，业务模式在这个节点会经历中年危机。它开始显示出明显的衰老迹象，因而尝试通过各种方法来保持活力和年轻态。公司通过内部创业的方式来资助新的想法，面向现有市场增加新的产品和服务，在产品线上呈现出多样化的态势。它还试图将其稳固、可盈利的业务模式引入新的分销渠道和新的市场。简而言之，它到处尝试，全面发展，试图在保持相关性的同时发现更多机会。

但是，竞争也不会停滞不前。如果不对适应和扩张孜孜以求，公司迟早都会走向自满。市场已经证明了业务的成功，并主动采纳其想法，通常还是以一些有趣的方式。一旦停止为有创造性的新的想法留出空间，业务便会不可避免地走下坡路。

我认为，必须强调一点，虽然整个公司的规模越来越大，但同时公司内部个别产品和服务还是各自处于业务生命周期的不同阶段。一些业务模式还处于婴儿期，其他的处于幼儿期、儿童期或青春期。大人通常负责所有的开销，还有照顾老人。一个组织好比一个大家族，有凝聚力，而且通过持续不断的繁衍生息来保持蓬勃生长的势头。家族得以永续长存的唯一途径是不停地生育。组织赖以生存的唯一途径是不断发展新业务。

无论业务模式是否仍然在自己公司或大公司占有一席之地，都不可避免地进入**保持阶段**（9），从这个点开始衰微。业务模式从此开始步入尾声。客户纷纷转到别的地方，销售和利润下降，并且可能出现现金流为负的情况。企业现在是老年公民，前方就是养老院。

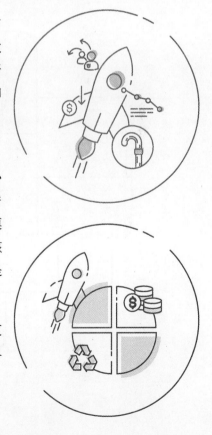

尽管曾经在市场上叱咤风云，组织现在最关心的却是削减成本并将大部分精力投入更新的替代业务模式上。它将助力维持当前的业务模式，只要这个模式还是合理的，但它也预期该模式有一天会轰然坍塌。有时候，安乐死也是一种选择。

结束阶段（10）是典型业务模式生命周期结束的地方。如果您是企业的创始人，能已经在早期阶段享受了您的完美上岸。但是，公司目前的领导者必须对是否结束业务做出决定：将其完全关门还是拆分后重用或者转售出去。这可能取决于晚期病患在遗嘱上怎么要求器官和组织捐赠。

我将这 10 个阶段称为"Shiftup 业务生命周期"，而且，我觉得有必要强调三个重点。首先，业务的生命周期比人类的生命周期更灵活。我感到非常遗憾，身体上的限制不允许我们人从中年回退到小年轻这个阶段。但是，业务模式只是一种人与人之间的经济协作，当然可以调整到生命周期中较低的阶段。当环境突然发生变化的时候，经过验证的业务模式或许必须得修复并再次验证。目的是通关，直到完成更高级别的游戏，但有时候，一个业务可能会被扔回较低的级别。生命周期中的各个阶段不是离散且线性的，就像我前面所说的那样。

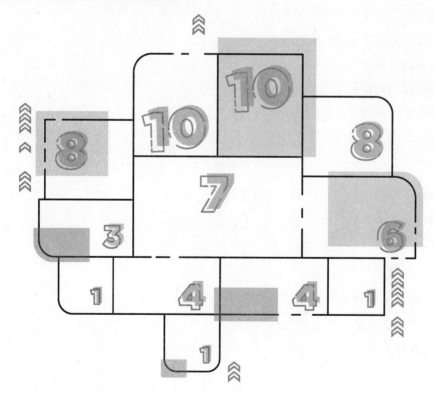

其次，正如我之前指出的那样，不是把整个公司视为存在于某个特定的阶段，而是整个基本思想都要转变，清楚公司内每个业务模式都处于各自生命周期中的特定阶段。创业的时候，公司实际上是业务模式的代名词。因此，业务模式的生命周期阶段很容易被误解为公司。但是，等公司上了规模并建立自己的公司之后，您可能会推出有不同业务模式的新产品和服务。这些新的业务模式最初只是一个想法，这意味着它们是从第一关开始的。就像一个家族中处于不同人生阶段的很多亲属一样，我们应该把公司视为在开展业务的法律实体，这些业务处于典型业务生命周期中的不同阶段。

第三也是最后一点，独立的创业公司与公司内部创业，并没有太多差异。为了实现持续创新，老牌公司需要拥有可以探索新想法并尝试新业务模式的团队。这些团队要看作是内部创业团队。创业者将想法概念化，检验其假设并验证产品/市场契合度，他们采用的方式与独立创始人和企业家学习创业的过程相比，并没有什么真正的不同。启动、探究、组队、验证和稳定适用于每个新业务，不同的规则适用于不同的阶段。美国喜剧类连续剧通过那些行为举止成人化的小孩子给观众带来很多欢笑。很滑稽，因为它实在是很荒谬。千万不要让您的内部创业团队成为别人眼中的玩笑。要让他们有孩子样，并允许他们失败，不要忙着追究责任。

我在芬兰埃斯波约了特姆·哈马雷林（Teemu Hämäläinen），他是《愤怒的小鸟》的制作人以及《食蔬鱼》《屡战屡败》等热门游戏的产品总监和制作人。

在手机游戏制作过程中，整个全景中有几个不同的阶段。一切都从创作阶段开始，关心的是产品的概念和想法。这时您还比较小。您希望做个有趣的产品，同时还要记住自己是要做能随时间成长的产品。因此，在做好原型并验证了之后，扩大团队规模，适应速度下降一半。通常，在制作阶段，核心团队的规模在 10 到 20 人之间。有了团队，就可以部署产品，以便在一个特定测试市场中发布预测版本。就这样，游戏上架到特定的市场，但只限于特定的地区。现在，虽然有真正的用户在玩游戏了，但您的适应速度再次下降了一半，因为您要运营上了线的产品，要关注用户。但现在，您还可以开始收集实际的指标。玩家在游戏中如何表现？他们如何留在游戏中？他们是在那里赚钱还是被卡在了某处？再一次，您是在学习和适应，但速度会随着时间的流逝而变慢。这样的生命周期适用于每一款游戏。

特姆·哈马雷林，Rovio 娱乐公司产品总监，芬兰埃斯波

特姆提到的三个阶段，总结出来后适用于每一款游戏、每一个业务模式以及每一个创业想法。最好的创始人、企业家、企业内企业家和企业领导人总是会想方设法在合适的时间做正确的事情，从探索开始，逐步走向执行。

我在探究这一关试验了几个早期原型后，决定把业务转为组队这一关，为创业自筹资金并雇佣一个全职的团队，当时我就对团队成员讲了这些话。我告诉他们我会在哪个位置放手（组织变革可以托管给一个游戏化平台和机器学习之后）。我还告诉他们，我自己并不知道怎么走向那个终点。就像一群好奇宝宝一样，我们开始了探索之旅。

相关说明、文章、书籍、案例以及下载资源，可以访问 https://startup-scaleup-screwup.com/product-vision。

商业拼布

重新组合精益画布和业务模式画布，然后增加一个时间维度，做个商业拼布

"我看不出这个时候讨论营销渠道有什么意义。为什么会有渠道对还处于萌芽状态的产品感兴趣？"

当时，我正在通过网上视频会议和我的新建团队讨论我们的业务模式。在两个多月的时间里，我通过邮件列表和口碑相传的方式招满了七个团队成员。我的招聘程序虽然是临时起意，但确实取得了成功。事实上，我不只是招到了理想的人选，甚至还狠心拒绝了所有异人和另类死宅的申请。

译者注：本章名"Picking Up the Pieces"来自丹尼丝·格劳弗·斯万克（Denise Grover Swank）于 2014 年出版的同名悬疑推理小说。

我自己出资正式成立公司，签署协议，因而在 Shiftup 业务生命周期中直接从探索阶段（2）切到组队阶段（3）。与我的新团队一起，我讨论了如何才能不至于搞砸我们的新业务，因为我之前有过一些启动的想法。

大约 20 年前，当时是 20 世纪 90 年代，在臭名昭著的互联网泡沫破灭之际，我为自己的第一家创业公司写了 40 页的商业计划书。它看起来棒极了。它以图表形式显示了收入增加、利润增加、公司上了规模和我的自我开始膨胀。所有趋势线都是陡的。如此令人陶醉的景象打动了商业计划奖的评审团，我被授予 1999 年荷兰"年度企业家"的称号。可悲的是，授予我这个头衔的人运营初创公司的经验甚至比我还少，我们都不知道接下来会发生什么。在我对着镜头微笑的前三个月，虽然奖项到手了，但互联网泡沫破灭了。就这样，我的小冒险没隔多久就被湮没了，因为业务模式行不通。我把我的商业计划作为第一部小说作品束之高阁。说不定哪一天，他们还可能授予我"年度虚构类作家"的称号。

创业公司之所以搞砸了，主要原因之一是他们没有可以玩得转的业务模式。有时，是市场还没有准备好；有时，是钱的问题；有时，是环境变化太快。但很多时候，都是因为创始人很幼稚，准备不足。结果总是一样的。尽管有好的想法、炫目的奖项和最好的意图，业务模式还是行不通。当前这次冒险，我要全力以赴，以免重蹈覆辙。即使只是为了多学习和增加我的机会而让我必须得写上整本书，我也会在所不惜。

与 20 年前的初创公司不同，现在这些聪明的创始人不会再写长达 40 页的商业计划书。相反，他们要画业务模式画布（如图 3.1[①]所示），这是商业理论家和作家亚历山大·奥斯特瓦德（Alexander Osterwalder）[②]提出的

---

① 该图来源：https://strategyzer.com/canvas/business-model-canvas; ShareAlike 3.0 Unported（CC BY-SA 3.0）。

② 译者注：代表作有《商业模式新生代》，商业画布是用来描述、可视化、评估以及改变商业模式的通用语言。它由 9 个基本要素构成，涵盖客户、提供物（产品/服务）、基础设施和财务生存能力四个方面，侧重于战略层面。

一种工具。或精益画布（如图 3.2[①]所示），由商业顾问和作者阿什·莫里亚（Ash Maurya）[②]提供的改编版。两个模式都是著名的战略工具，可帮助人们记录新的和现有的业务模式。这些视觉工具能够使团队通过填写少量方框来草拟一个完整的业务策略，这些方框对应于业务模式的不同领域。

关键 伙伴	关键 活动	价值 定位	客户 关系	客户 细分
	关键 资源		渠道	
成本结构		利润流		

图 3.1　业务模式画布

问题	方案	独特 价值 定位	独有 优势	客户 细分
	关键 指标		渠道	
成本结构		利润流		

图 3.2　精益画布

---

① 来源：https://leanstack.com/leancanvas；ShareAlike 3.0 Unported（CC BY-SA 3.0）。

② 译者注：Ash Maurya，代表作有《精益扩张》和《精益创业实战》（目前最新版是第 2 版）。

这就是我与新的团队成员仔细研究精益画布的原因，想要讨论诸如客户群、问题和独特价值定位之类的框怎么填。我不想再次创业失败。这次，我们每件事情都要做对！但是我和我的团队再运用画布这个概念的时候，实在是太难了。在我们看来，现在讨论诸如"渠道"和"关键指标"之类的一些框还为时过早，这意味着我们完不成精益画布。而且，这些框的位置看起来也让人困惑，因此，我们认为精益画布缺少了一些重要的主题。

在我看来，画布隐喻有问题。在一页纸上以固定、预定义模板的方式来可视化业务模式区域，人们在讨论框的具体位置和顺序时迷失了方向，不知道其中一些框是否应该替换（就像几个作者已完成的那样）。我认为这些都是不增值的元讨论，会使创业团队分心，看不到真正的重点，比如设计一个能用起来的业务模式。

精益画布的模板，还可能使某些人相信他们可以在一个下午（或少于 20 分钟，针对一个地方的建议）创建出整个业务模式。但是，业务战略是无止境的。业务模式应该是活的，持续成长的，而不是在画布上一直保持静态。通过我们对业务生命周期的洞察，很容易看出，针对各种业务模式领域，按时间安排比按空间安排更有意义。在我们持续讨论业务策略的过程中，哪一个生命周期阶段最适合讨论哪些区域呢？业务生命周期中哪个点可以让我们觉得一个话题完了可以开始讨论下一个了呢？

业务模式画布和精益画布涵盖的 13 个业务模式领域本身并没有问题。但我们可以提出很多更有趣的话题。实际上，最开始的业务模式得到广泛普及之后，引发了其他画布的大流行，触及到了特定的小众领域，在我看来，其中最有名的是精益画布，因为它是特别针对创业公司的。

我认为，对于业务模式领域的数量，我们要灵活处理，搞清楚哪些领域和业务生命周期的哪些阶段相关。从手上仅有的一两个碎片开始，逐渐酌情增加，就可以拼接出主题丰富多彩的业务模式。这个方法，我称为 Shiftup 商业拼布（Business Quilt），参见图 3.3①。通过运用"拼布"这个隐喻，

---

① 资料来源：https://leanstack.com/leancanvas; ShareAlike 3.0 Unported。

我们不至于把业务强行加入一个只有黑白两色的模板中。相反，我们要做一个有美感的、色彩丰富的手工拼布。

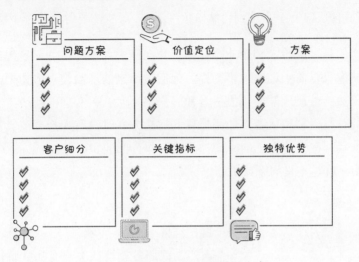

图 3.3　商业拼布

让我们看一些关联性比较强的碎片，然后搞清楚什么时候进行处理。

如果没有**问题/机会**，就可以没有可行的业务模式。您必须能够向自己、客户和投资者解释您要解决什么问题或者说您发现了什么商机。人们最大的挫败感或愿望是什么？哪些是他们要做的工作？（JTBD[①]，请参阅第 4 章和第 5 章）有哪些

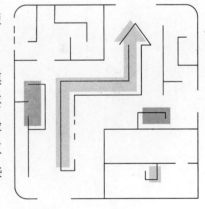

---

① 中文版编注：在 2005 年发表于《哈佛商业评论》的《营销失当：原因和对治》一文中，克里斯滕森首次阐述了这一思想："当人们发现自己需要完成工作时，他们就会用产品来为他们完成这项工作……如果企业能够理解客户需要完成的工作，围绕工作设计产品、相关的购买和使用体验，那么当客户发现自己需要完成那项工作时，就会用那个产品。"克里斯滕森称之为"Jobs to Be Done"，他用麦当劳奶昔的案例生动阐述了这个简单如常识却又无比深刻的顾客洞察思想。该方法中文也译作"乔布斯工作法"，旨在向乔布斯致敬。

主要的困难或不可抗拒的收益，为什么当前的解决方案不足以解决？问题/机会主题对许多创业公司而言，是其商业拼布的第一部分。从业务生命周期的启动阶段（1）至少直到组队阶段（3），可能都要讨论这个主题。

令人忧伤的是，创始人和企业家往往都倾向于为并不存在的问题提出解决方案，就像我以前干过的傻事一样，他们做出来的产品没有人想要，创业失败是显然的。在最开始，投资者和客户都不怎么关心您的解决方案。他们看到的只是问题和机会。如果提供的解决方案时没有人想要或者没有人关心，您就是在浪费自己的时间。因此，作为商业拼布（Business Quilt）的第一步，就是定义问题或机会。

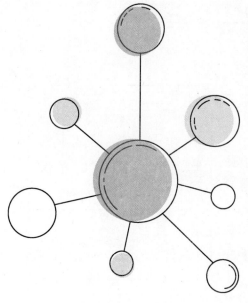

一旦对问题或机会有了想法，下一步就是讨论**客户群体**或目标市场。哪些人愿意花钱购买新产品或服务？首选客户有哪些特征？他们是否有特定的角色、特质或习惯？能够将他们用精益角色描述出来吗（请参阅第 4 章）？可以通过识别和分类不同需求、欲望和属性的方式来进一步细分客户群吗？

客户群体和启动策略一般随着时间的推移而演变。成功的初创企业首先是向少数追新者和早期采用者兜售产品的愿景，而不是特定的产品版本。做得好的初创公司一直在细分市场，直到精准确定客户画像，这个时候，就可以用新产品愿景来赢得这些客户。有了这些头一批少数追新客户的反馈，再考虑随着时间的推移逐步增加功能，进一步面向更大的客户群体。解决方案的第一个版本满足不了主流客户的需求，但是更高的版本可以。从逻辑上讲，这意味着商业拼布的"客户细分"部分不能保持不变，要从业务生命周期的探究阶段（2）演变到业务生命周期中的结晶阶段（7），至少得到这个阶段。

阿姆斯特丹的办公室，股票交易应用 BUX 的首席执行官兼创始人尼克·博尔托特（Nick Bortot）在公司午餐桌旁接受了我的拜访。我们享受了一顿超级健康的午餐，是他们公司的厨师做的。

> 我们最开始是在荷兰开展业务，三个月后发展到了英国[①]。基本上，从一开始，我们的想法就一直是面向泛欧洲地区的，也许甚至更广泛的地区。但是，我们得到了一个重要的教训。事后看来，我们的确不应该这么早就扩张到英国。我们应该先专注于荷兰。我们是荷兰人，这是一个很小的国家，所以最适合先在这里做测试。而且，等有了起色，再延伸到其他地区也不迟。我们的上市策略本来可以比现在更好一些的。
>
> 尼克·博尔托特，BUX 首席执行官兼创始人，荷兰阿姆斯特丹

说到客户群体，您可能想要讨论自己**独特价值定位**（Unique Value Proposition）。每个目标受众都有不同的目标，不同的痛点和收益。您必须能够向自己和其他人解释清楚您提供的产品/服务有什么价值。您需要能够清楚地描述出来。是否聚焦于性能、价格、设计、可用性、便利性或其他什么特点？哪些特点让您的解决方案与众不同，能够吸引您的客

---

① 译者注：2019 年 6 月，BUX 融资 1250 万美元，用于收购经纪巨头 Ayondo 的英国子公司 Ayondo Markets Limited（AML）。

户？为什么人们愿意从您那里买而不是从您的竞争对手那里买？创建一个价值定位轮（请参阅第 5 章）可以帮助您解决这些问题。而且，类似于客户群体，商业拼布的独特价值定位这个部分也是要随着时间的推移而演变的。

关于问题或机会，您打算怎么做呢？考虑到客户群体和独特价值定位，您的**解决方案**会是什么样子呢？您能用简洁和非技术性的语言来描述一下您的产品/服务吗？您的解决方案是什么类型的呢？是 app、网站还是实物产品？它有什么作用？您希望把它列入什么样的体验类别，以便客户了解它们是什么样的产品？这可能是优化和分享产品愿景的最佳时机。

假设您是一位富有热情的创始人、企业家、商业领袖或创意家，就像我认识的其他许多人一样，我希望您从启动阶段的考虑问题/机会那一刻起，就已经在想如何修补问题和产品愿景。这样做没错。然而，只要您对客户群体和独特价值定位有了新的认识，就可以对问题/机会进行修修补补，使其日趋完善，也许会一直持续到结晶阶段（7）。解决方案要保持演变，体现出您对市场的洞察。

对谁想要您的产品以及为什么他们想要有了主意之后，就可以考虑理想中的**利润流**（Revenue Stream）了。您打算如何赚钱呢？这个业务的财务模型是什么样的？是由订阅费，还是按每笔交流来收费？有免费增值服务吗？业务模式会因为目标受众的不同而不同吗？类似于客户群和独特价值定位，利润流也随时间的推移而演变，要么出于战略原因，要么因为放弃了看似无用的利润模型。我希望您从验证阶段（4）直到结晶（Crystalization）阶段，始终都要将商业拼布的这部分因素列入主要的考量中。

在初创企业中，经常出现一个有趣的话题，那就是何时开始向客户收费。我在对世界各地的研究中，遇到了两种似乎彼此矛盾的哲学。一种说法是放弃或大幅降低产品早期版本的折扣是错误的，因为创新者和早期采用者乐于为早期尝新付出代价。如果他们都不想掏腰包，则说明他们不是您的目标受众。针对产品，测试什么收入模式有效并验证客户的付费意愿，应该是业务策略的重要组成部分。付款的客户与免费提供所有内容的用户相比，还能给出更好的反馈。再有，当人们可以免费使用时，能会认为您提供的解决方案没有什么内在的价值。后期将更难打上价格标签。当您试图向产品的客户收费的时候，什么时候您打算向客户收取产最好从第一天就开始收。

但是，一些创业者和企业家遵循不同的哲学。他们说可以先扩大规模，然后再向客户收费。在多端平台的情况下，用户规模可以帮助此类业务吸引目前尚未加入该平台的付费客户，只要他们的规模还比较小的话。这种方法实际上与第一种哲学没有冲突，因为这种情况下的选择是推迟货币化，直到后期可以添加不同的客户群。对某些付费客户而言，规模大是先决条件。率先占领全部市场空间对后期取得可观的收入至关重要。

Brainly①总部位于波兰克拉科夫，其创始人兼首席执行官米卡尔·博尔科

---

① 译者注：2009 年成立于波兰，这家 P2P 社交学习平台在 2012 年获得由 Point 9 Capital 提供的 50 万美元投资。2014 年 10 月获得 900 万美元的 A 轮融资，活跃用户 2000 万。在 2016 年和 2017 年，Brainly 完成了由 Naspers 和 Kulczyk Investment 领投的 1500 万美元和 1400 万美元的 B 轮融资。2019 年 7 月获得 3000 万美元的 C 轮融资。经过十年的时间，发展到全球 35 个国家，用 12 种语言进行问答。2019 年早些时候，月均用户人数已经突破 1.5 亿。

沃斯基（Michał Borkowski）和我分享了他的以下见解，稍微谈了一下他的业务模式策略。

> 我们的战略决策是起步的时候不收费。具体的做法，我有很多建议。但有个问题需要先确定，我们是先在波兰做收费服务，还是先尝试做全球化？我想我们做出了正确的决策，因为事实证明，我们有能力建立一个足以服务于全球学生的教育公司。至于波兰收费服务这个问题，并不只是发布一个功能这么简单。需要有一定的策略。要想赢利，需要先投入。但是，真正搞清楚如何制定收费策略，往往需要花两三年的时间。收费服务所涉及的问题太多了。而且，这还只是针对一个地区的市场。等您越做越好而且顺利实现利润增长后，往往意味着三年的时间已经过去了，这个时候再做全球化，为时已晚。我所担心的就是这个问题。对我们来说，三年，意味着走向全球化的时间太晚了。因此，我们决定先扩张到新的市场，通过融资的方式获得增长后，再考虑赚钱的事情。

米哈尔·博考斯基，Brainly 创始人兼首席执行官，波兰克拉科夫

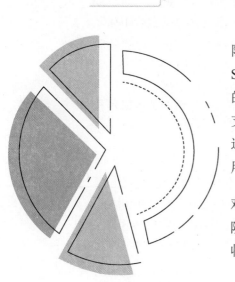

除了收入流可以解释赚钱的方式，**成本结构**（Cost Structure）也是商业拼布中另一个重要的需要说明的财务要素。对现在的许多公司而言，最大的开支是人员的费用。那是显而易见的。但还有其他运营费用吗？还有哪些因素对获客成本有关键作用？月均烧钱速度如何？

对我来说，有意义的是，从业务生命周期的组队阶段就开始解决成本问题。毕竟，成本通常先于收入，控制烧钱速度是创始人在创业之初最重要

的挑战之一。要花钱创办公司并雇用初创团队成员，之后才可能和他们一起讨论收入流。从那时起，成本和收入两者就高度相关，因为定价/成本问题未能得到解决，是创业公司失败的首要原因。

第一批客户开始使用产品之后，您就可以开始积累数据并把精力集中在**关键指标**上。转化率和存留率怎样？如何验证自己为客户提供的价值（起步时）以及如何衡量增长率（后期）？您的北极星指标[①]是什么以及海盗指标的结果如何？这些是设定目标并衡量进度的工具，详情可以参见第 12 章和第 23 章。

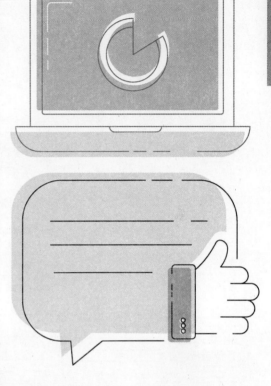

业务的关键指标，是业务模式领域中另一个要随时间推移而改变的典型例子。只要还处于探索阶段，对使用情况和用户存留进行细察和优化就比转化率和营收更重要。到了后期，当您准备好上规模的时候，可能会更关心获客和客户生命周期的价值。同样，哪些需要增加到商务拼布中，取决于处于生命周期中的具体阶段，而且都要随着时间的推移而变化。

在某个时间点，有个有趣的问题需要考虑，与竞争对手相比，您有哪些**独**

---

① 译者注：North Star Metric，又叫"唯一重要的指标"（OMTM，One Metric That Matters），是一个与用户增长相关的热词，是指把商业闭环设计的核心价值作为唯一指标。比如，阿里巴巴作为电商，其北极星指标就是总销售额；简书作为知识传播社区，其北极星指标是文章发布数；摩拜单车作为共享经济，其北极星指标就是月活跃用户；Spotify 的北极星指标是用户收听时长。

特优势（Unfair Advantage）是他们特别难以超越的。最好是无法复制或购买的，而且即使复制也需要花相当长的时间。是什么使您的业务模式难以复制？您有能力通过知识产权、名人身份、庞大的客户网络或者某些专利技术来保住自己的业务吗？您在精益/敏捷流程方面是否表现出色，因而比别人迭代更快吗？所谓成功，指的是先知先觉先动者，先达，然后被学习能力最强最快的人偷走。

投资者尤其希望了解您有哪些得天独厚的优势。那意味着优势是要尽早在验证阶段（4）讨论的话题，并且可能会持续讨论到结晶阶段（7）或甚至更长的时间段。

客户如何知道您提供了什么产品呢？是通过网站、社交媒体、第三方分销商或兼而有之？您是打广告、打无约电话还是依靠病毒营销和口碑相传呢？在上规模之前和知道产品有市场之后，所有这些因素都是需要重点考虑的。如果您的解决方案不是特别好，而且您的关键指标在使用和存留方面没有显示出令人印象深刻的数字，那么，把渠道这个因素加入商业拼布中，可能不会有太大意义。如果客户不喜欢用您的产品，为什么还要花时间搞清楚怎样把它推广到目标客户群呢？我的做法是，在完成产品验证之后，从稳定阶段（5）开始，就聚焦于渠道和市场策略这两个因素。

但是，等等，还没有完呢！

根据商业模式画布（Business Model Canvas）的建议，其他要考虑的业务模式领域分别是客户关系、关键合作伙伴、关键活动和关键资源。但我觉得，在许多情况下，把这些内容添加到商业拼布中，都可以推迟到稳定阶段（5）或更晚的时候进行。可以随意！在探究业务阶段，不一定非要有一个完整的商业拼布。

此外，简单上网搜一下画布的替代方案，可以发现其他作者为待完成的工作（JTBD）、市场规模、趋势、网络、文化、知识产权、公司宗旨、运营策略和其他等主题，定义了单独的领域。而且，等您检查完投资人都想要看的融资演讲（参见第 21 章）之后，会发现另外的主题，比如，产品/秘制调味酱、产品路线图、竞争、财务以及里程碑等。如您所见，商业拼布可以包含更多主题，可以不只局限于两大最流行画布所定义的标准主题。这是您的业务，您的拼布，只要觉得有必要，就可以让它尽可能丰富多彩。如果可以使它看起来像彩虹，还可以获得奖励加分。如果它有独角兽的模样，还可以获得双倍加分。

画布和其他视觉工具的主要好处是，在纸上或者在墙上画出商业模式之后，如果参与者都在用人们认同的标准术语，大家更容易围绕着商业策略来展开讨论。然而有两件事使我相信，对于隐喻，我们最好用拼布来代替画布。

第一，画布上各个框的布局暗示特定领域之间有着直接的联系。从某种程度上讲，也许的确如此。但是在业务策略中，每一个和别的任何一个多少都有一些关联，这也是确凿无疑的事实，而且，人们会用不同的框和布局来创建备用画布，这个事实表明，人们对商业模式中各个领域之间的联系有不同的视角。我认为，这些视角未见得非要评出最佳，但毫无疑问，它们全都是有用的。

第二，从有关业务模式画布的许多文章中，可以明显看出不同领域之间的相关性会随着时间的推移而发生变化，具体取决于当前处于业务生命周期中的哪个阶段。了解客户群体和问题/机会通常比其他一切都重要，但渠道和关键合作伙伴这样的要素只有到后期才有关联。合理的做法是，放弃只是一味地套用画布中那些固定的预定义模板。我更推荐人们只选择他们当时认为与当前相关的，然后在纸上或者墙上把它们以视觉方式表达出来，拼接成一块富有艺术感的拼布，可能还会随着时间的推移不断演变。

最重要的是，公司及其环境始终在变。目标受众来来去去；机会与伙伴关系出现和消失；去年还有的收入来源来年可能就没有了。更合理的解释是，业务模式的可视化始终都在变化，不同时间点，可以是不同的产品。就像现任美国总统特朗普对几乎所有事情的看法一样。

业务战略和业务模式设计最重要的一个方面是敏锐地捕捉与业务运作方式相关的猜测和假设，然后进行测试。画布上的框和拼布上的布片，都只是需要验证的经过归类的假设清单。一旦意识到这些碎片中的各项都有一个状态（开始于一个不成熟的想法，结束于验证式学习），您会意识到拼布可以用作精益实验的类别，可以放在看板板上，以便于跟踪其完成状态（参见第 8 章）。然后，商业拼布就可以成为一种驱动力，帮助您捕捉到风险最高的假设并尽快进行测试。

至于现在，我建议您根据当前的业务生命周期阶段，只选择对当下有意义的，然后将它们以任何布局拼接在一起。忽略我所说的关于 JTBD（要完成的工作）、精益角色、价值定位轮、北极星指标、海盗指标、精益实验、看板板和融资演讲。我们将尽快回到对这些工具的讨论中。只需要填入最好的猜测和想法。如果是在墙上可视化，可以和团队一起讨论，使用便签或白板笔。养成习惯，每个月回顾一次 Shiftup 商业拼布，看看是需要添加、删除还是重新定位，并检查其中哪些想法已经被验证还是被否决。

我曾经与我的团队广泛讨论过商业模式中的问题/机会、客户群体、独特价值定位和关键指标。当然，我们还针对通过机器学习和游戏化来实现组织变革多次讨论过我们的提案。我们早期做了两个重要的决定。一个是我们将创建一个简单 app 工作原型，只针对安卓平台，很简单，以至于我们都不好意思拿出来给大家看。另一个是我们坚持从第一天开始就按月收取费用，看看用户是否会支持我们的愿景并确保他们能为我们提供重要的反馈意见。

虽然不能保证我们如此广泛的业务模式讨论会帮助我们避免失败，但我觉得，现在取得成功的可能性胜于以前。与前面几次不同，我很清楚怎样在正确的时间解决正确的业务问题。而且，为了安全起见，我拒绝了所有的创业大赛邀请。虽然我不再像以前那样迷信套路，但信一下，也无妨。

> 创业呢，就是跌得再难看，也要勇敢地站起来，屡败屡战。连续创业者就是这样，站起来的次数比跌倒的次数至少多一次。成功的创始人也如此，因为在此过程中，有很多坑，但您需要不停地填坑，并坚持一路向北，始终向前。同样，我相信，毅力和坚韧是创业者和企业家最关键的两大品格。

> 马克·韦瑟林可，Startupbootcamp①执行合伙人，荷兰阿姆斯特丹

---

① 译者注：Startupbootcamp，简称 SBC，成立于 2010 年，是全球领先、欧洲排名第一、专注于垂直领域的创业加速器，具有丰富的运营经验和广阔的行业资源。目前，SBC 在全球 17 个国家和地区开展了 21 个垂直领域的创业加速器项目，覆盖数字健康、金融科技、智慧城市、保险科技、物联网、食物科技、电子商务、交通和能源等行业领域。项目所在地有旧金山、阿姆斯特丹、开普敦、成都、长沙、高雄、台湾、柏林、迪拜、哈特福德、伊斯坦布尔、罗马、伦敦、墨尔本、迈阿密、孟买和墨西哥城等。

Startupbootcamp 管理合伙人马克·韦瑟林可心情愉快，在跌倒过很多次之后，他每次都能成功地站起来。现在的我，只希望自己能坚持不倒。

相关说明、文章、书籍、案例以及下载资源，可以访问 https://startup-scaleup-screwup.com/ product-vision。

人物通信协议

要想更好地理解自己的目标客户及其要完成的任务（JTBD），可
以借助于精益角色

喏，您看，很简单。我们的典型用户阿尔贝托（Alberto）是一名外部顾
问。他在线上的个人形象和声誉对他很重要，因为他需要将自己的服务卖
给新的客户。帕翠莎（Patricia）是一名全职员工，职务是内部教练。她不
需要在线个人资料；她只需要更新个人简历，就可以换个工作。

译者注：本章名"The Persona Protocol"来自安迪·麦德莫特（Andy
McDermott）的同名小说。

"好的，但是在扩大教练服务这项业务方面，阿尔贝托和帕翠莎是相似的。我们的阿尔贝托一直在说他们太累了。太多团队都在要求他们提供帮助。我们的帕翠莎（Patricia）也有一样的报告：扩大他们的服务，指导更多的团队。同样的问题。"

"正解。阿尔贝托和帕翠莎，两个人的一个重要区别可能是对工作绩效的衡量。两个人都希望有教练和咨询工作的相关实证。但这对做短期合同工作的阿尔贝托而言更重要，相对于帕翠莎来说。"

就这样，日子一天天地过去了。我们团队正在从组建阶段过渡（3）进入 Shiftup 业务生命周期的验证阶段（4）。搞定了下半年所有法律和财务方面的事情。团队认可了我的产品愿景，大家共同讨论主要和次要目标受众。我们把他们定位为外部顾问阿尔贝托和内部教练帕翠莎。

阿尔贝托和帕翠莎实际上并不存在。他们是精益角色，有时称为"原型角色"或"原型用户"。精益角色是虚构的，但足以代表产品的典型用户。作为一种可视化的抽象表达，它们可以让您更轻松地讨论目标受众并确定他们的需求。通常，"精益角色"只用一个个人档案那样的描述，一页纸就够了，包含一张照片、一个名字、有时是一句引用，然后是几个字段，其中填有一些虚构的个人数据，显示与最典型用户相关的一切信息（参见图 4.1）。

"角色"，是由软件设计师艾伦·库珀（Alan Cooper）引入到用户体验设计中的，它是真实用户的假想原型。"角色"一词来源于拉丁文中的"戏剧面具"。用户角色概念随后得以广泛流行，有些设计师都对原型做了详尽完整的描述。因此，包括我在内的一些作者更喜欢在前面加上"精益"（lean）一词来提醒大家保持描述的简洁性。毕竟，您是在建立个人档案，又不是在写个人传记。

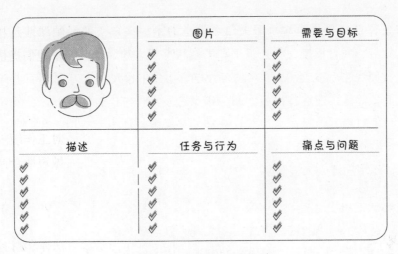

图 4-1　精益角色范例

显然，原型用户只是一种作为示范的图片。没有哪个真人完全符合其个人资料描述。精益角色假定为整个客户群的代表，它才是要您运用同理心来了解的结果，是 Shiftup 创新漩涡（Shift Innovation Vortex）中的关键漩流（请参阅第 9 章）。精益人物角色可以帮助您理解目标受众，就像相册可以帮助您了解配偶的原生家庭一样。

很早很早以前，当我还是个小孩子的时候，通常都期望客户在使用新产品之前先阅读使用手册。实际上，我甚至都没有想过要迫不及待先打开自己新买的随身听、电子打字机或者科学计算器，我一般都是先读使用手册。但是，那些日子早已经一去不复返了。您上次阅读使用手册是什么时候？我敢打赌一定是很久很久以前的事情了。如今，客户期望产品易于使用和易于理解。用户对新产品的体验需要是一流的，否则压根儿不会给自己找麻烦。通过使用精益角色，您可以进一步理解用户的期望。

传统上，目标受众通常是用人口统计学的术语来定义的，例如性别、种族、年龄、教育程度、收入水平和婚姻状况状态等。我们的目标受众是未婚的拉美女性，25 至 35 岁，具有大学学历，年收入在 5 万到 7 万 5 千美元之间，等等。在选择出版物和分销渠道发布传统广告的时候，此类统计信息可能有用。但是，人口统计在产品和服务设计中没有用。我们团队很难确定欧州和北美 25 至 45 岁年龄段白人专业人士的需求和欲望。对我们来说，运用同理心来理解阿尔伯托和帕翠莎要容易得多。

团队要想做出更好的设计决策，关键在于了解典型目标用户的需求和愿望。精益角色提供的叙述直观、令人难忘且易于理解，从而增加了机会，使您在产品策略、设计、开发和获客过程中始终记得以人为本。您不想浪费精力去做没人想要的功能。您不想浪费时间写不会有人读的手册。您想要的是确保团队聚焦于创造价值，解决特定人群的问题。而且，那个您想要为他/她解决问题的人可能与您有很大的不同，这意味着您需要对他们建立同理心。精益角色能够让您精确做到这一点。

角色完全可以虚构，就像脱欧和进入美国一样，很容易。然而，角色代表的目标受众是有待发现的，并不是发明出来的。与客户建立同理心的唯一途径，就像企业家史蒂夫·布兰克（Steve Blank）[①]说的那样，是走出大楼去采访属于您的目标受众。商业顾问兼学者克莱顿·克里斯坦森（Clayton

---

① 译者注：硅谷连续创业的企业家和学者，《创业者手册》作者之一。 史蒂夫·布兰克因开发客户开发方法论而闻名，该方法论启动了精益创业运动。他也是 E.piphany 的共同创始人，有超过 30 年从事高科技产业的经验。他建立或参与了 8 家创业公司，其中 4 家已经上市。

Christensen）[①]说，您的目标是了解人们要完成哪些工作（JTBD）。潜在目标客户需要完成什么工作？想他们有哪些主要的需求和欲望？通过迭代开发代表用户的精益角色，您将能够更深入地了解问题和您的产品可以从哪些方面解决问题。

典型情况下，精益角色描述以许多未经验证的想法和假设开头，这些都与目标用户相关。您的工作是使用客户访谈、用户调查、田野调查、观察、售后分析和其他技术，用实证来代替越来越多的假设。做的研究越多，对自己首选解决方案的偏见就会越少。

对目标受众有更深入的了解之后，您可能会注意到人与人之间的一些重要差异。这些差异可以进行重点强调，具体做法是创建多个角色，让团队展开讨论和确定优先级。我的团队成员最后开发了 40 多个人物角色，最后我不得不威胁说要拿走他们的键盘并干掉其中 5 个。（我的意思是角色，不是团队成员）

无论开发了多少个角色，都得有一个主角，这对团队很有用。在设计和开发产品时，脑海里只考虑一个理想用户，因为我们不可能一次能开发出可以使很多不同典型用户都觉得完美的产品。但是，可以使用 2 号和 3 号角色，以增加产品对其他人的吸引力，前提是在不影响主角设计决策的情况下，并根据需要为其他目标提供替代接口或访问点。角色的开发要主次分明，在专注于一个角色的同时也包容其他人。

---

①　译者注：就在翻译这一章的时候，得知教授在 2020 年 1 月 23 日于波士顿去世。作为世界上最有影响力的管理学学者，他的作品有《创新者的窘境》《创新者的解答》《你要如何衡量你的人生》。他提出了"颠覆性创新"更是成为了 21 世纪的"灯塔"。

针对若干角色和目标受众进行产品或服务定位，有时很难向其他人清楚解释为什么要这样做。面向多端市场做产品就属于这种情况。在商业拼布的客户群体中，在融资演讲的目标市场这张幻灯片上，需要解释自己希望随着时间的推移来解决哪个完整的市场。但是，表上列出的 40 个不同角色对外部干系人不会有用。所以，可能还必须提取出重要信息并让其他人了解概况。

把精益角色的优先级置顶，可以方便团队与价值定位轮保持一致，这个轮描绘了如何满足目标受众的要求。然后，进行精益实验，这一步必须做，旨在检验自己的业务模式是否适合预期受众群体。我们将很快讨论这些工具。团队中的管理、设计、开发、营销和客户服务等人员都需要对目标用户以及如何满足其要求达成共识。

瑞典斯德哥尔摩，在 Fishbrain 的办公室，首席技术官（CTO）瑞卡德·西韦登马克（Rickard Svedenmark）和我分享了和钓鱼有关的一些故事。

> 我们不同类型的用户之间存在着很大的差异。一些用户非常热衷于参与社交和获得别人的认可。他们就是想吹牛，引起别人的关注。有些人会贴出图片，想要获得别人的认同、点赞或者评论。另一些人则不在乎这些。他们只想要我们提供的工具。我们的一位用户正在美国环游各州，他的想法很简单，就是要穷尽一生去发现和收集不同的生物。他买了一辆房车。他把独木舟放在车顶上，然后一路向前，驱车前往以前没有去过的地方。对他来说，真正能够理解新的水域里面有什么鱼，然后找到哪一种鱼，是他最为看重的。他的动力不是来自于钓鱼的社会属性，而是来自于我们所提供的工具和见解。
>
> 瑞卡德·西韦登马克，Fishbrain 首席技术官，瑞典斯德哥尔摩

瑞卡德（Rickard）告诉我，他实际上并没有以精益角色的方式为不同类型的用户开发文档，但他就是非常了解他们的不同用户类型。目标是了解客户，而不是用条条框框来进行具体规定。因此，请不要过分拘泥于文档。

对精益角色的描述，尽可能简洁，控制在一页篇幅内，带少数几个变量即可。如果目标用户需要在少于三分钟的时间内在家用高档的胶囊咖啡机来做咖啡，目标客户的年龄、身高和肤色就无关紧要，但是他们的地理位置和财务状况可能是决定性因素。这是许多精益角色标准模板没有注意到的地方，因为他们建议您填写的一系列变量在很多情况下都与您的产品或服务零相关。

精益角色的描述尽可能简洁，以便后期更容易修改。对角色开发所做的研究越广泛，这些描述就越难以触及，因为所有精力都花在这些角色描述上。与其花几个月做人物访谈，还不如花一两个小时进行初步描述，然后开始进行每月迭代。市场和目标受众随时间的推移而变化，角色也不例外。准备定期重新访问和更新它们。

二十年前，我搞砸了自己的第一家创业公司，因为我不知道我的客户是谁。我的目标受众为零。好吧，也许我有一个，那就是我。这一次，有 40多个精益角色，我的团队的客户太多了。确定优先级很重要，因为可以让别人对您所做的东西感兴趣。我们在简（Jane）这个企业用户上浪费了很多时间，因为我的一些业务联系人想更多了解我们的创业公司，而且我们敏锐地觉察到有机会将我们的产品创意卖给大公司。但是，事实证明，结果距离如此大的业务伙伴关系相差太大。作为一个刚刚走出组队阶段（3）的新兴小团队，我们绝对没有准备好去解决企业客户的要求和欲望。我们后来决定锁定阿尔贝托和帕翠莎这两个高优先级的精益角色，以免再一次搞砸我们的业务。

相关说明、文章、书籍、案例以及下载资源，可以访问 https://startup-scaleup-screwup.com/product-vision。

幸运大转盘

搞清楚自己独特的价值定位，通过仔细调研客户的付出与回报，做一个价值定位轮

我是何时何地获得洞察的呢？这一点，我记得很清楚。在伦敦，我沿着 4 圈跑道享受 12 公里的跑步锻炼，事实证明，跑步是一种清空大脑并获得新见解的好方法。在一个春光明媚的早晨，我在思考我们团队希望向目标客户提供什么价值，突然灵光一闪，发现我们的价值定位中少了些本质上不可或缺的东西。

译者注：本章名"Fortune's Wheel"来自丽珊妮·诺曼（Lisanne Norman）于 1995 年出版的同名科幻小说。

我们的初创公司已经进入 Shiftup 业务生命周期的验证阶段（4）。在这个阶段，新创公司要开始启动探究工作，验证产品/市场契合度：在新的产品和需要该产品的大的市场之间，要找到一个最好的契合点。有些专家说，找到产品/市场契合度是所有新创公司都要面临的最严峻的挑战。而且，我们团队也有这种感觉。我们有一个对某些人有用的原型，但它对大多数人来说还不够有趣。我们已经为第一批付费客户打了分，但距离可观的月收入还差得远。就像提供太阳能自行车一样，光有车胎，还没有车座。创新者和喜欢冒险的人对跑步很感兴趣，但大多数人都情愿走路。

在验证阶段，新创公司会不断调整新产品的功能和设计，直到它能取悦于这个具有广阔前景的市场中的许多客户。完全搞清楚产品应该做什么以及它应该是什么样子，非常困难。对我们来说，不只是过去，到现在仍然是挑战！如果您认为抚养孩子很困难，请发展一些业务试试看。儿童的存活率要高出很多，而且他们花的钱也更少。

让我们回到原点。每个初创公司都需要有产品愿景或目标以及一个或多个精益用户角色或客户群。您为什么要开发产品以及要为谁开发产品？要想了解可以为客户带来哪些价值，首先需要了解他们正在努力实现哪些目标。换句话说，要研究他们待完成哪些工作（JTBD）。他们是否正在尝试从 A 地到 B 地轻松旅行？他们是否正在努力使举步维艰的项目进展顺利？他们需要与同事保持持续交谈吗？不要让自己局限于职能性工作。

人们也有希望在社交和情感层面实现的目标。他们是否正在寻找并结识新的朋友？他们是否想通过单击按钮来娱乐一下？他们需要一些时间来放松和恢复元气吗？原则上，在从客户的角度充分了解 JTBD 之后，团队才应该开始构建任何原型和解决方案。

在仔细调查人们的需求和欲望时，可以对要提供的两类价值进行区分：便利（减轻痛苦）和享受（创造收益）。痛苦是指阻碍人们完成待完成工作（JTBD）的事情。痛苦使我们的客户生活艰难而沮丧。有了我们的产品，我们就有机会为他们减轻这些痛苦并使他们以更轻松的方式完成工作。收益是指使 JTBD 更加充实的事情。收益使我们的客户感到更快乐。有了我们的产品，我们才有机会使人们更轻松地完成工作。提供不需要现金支付的出租车服务，属于便利性服务（减轻了痛苦）。享受带有豪华旧计时器的出租车是一种享受（创造了收益）。免费提供酒店豪华车接送服务，这是我从未有过的产品，既方便又愉快。提供的所有产品或服务针对的是同一个目标：从 A 地到 B 地旅行。

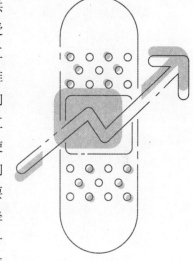

就我的初创公司而言，我们正在做的产品充满了很多想法，定位的是更好的工作习惯和实践。我们知道，这些个帕翠莎（Patricia）和阿尔贝托（Alberto）（我们的精益角色）都有一个普遍的需求，即为个人和团队提升发现有趣的选择；我们知道，他们会通过执行这些建议从这些选项中寻求实现其想法的建议。我们知道，他们希望对自己的过往进行反思并评估所创造（或失去）的价

值，并且，他们希望与其他人分享和提供他们所了解到的东西。在第四部分中，共享学习成果将为第一部分中的新的选项提供输入，就这样形成一个闭环，干净利落。看起来，我们可以将客户定义为四个部分。每个客户都可以拉动飞轮的任何部分使其旋转。参见图 5.1。

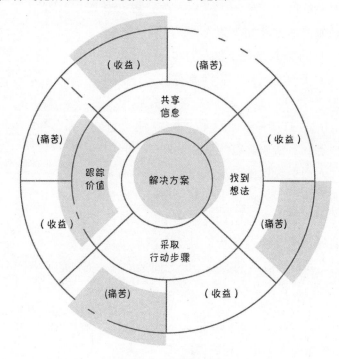

图 5.1　价值定位轮

但是，这是我在伦敦晨跑的时候才意识到的，我的团队在任何时候都没有意识到，我知道客户在日常工作生活中的实际场景和行为。如果我们更了解他们的情况，即使他们并没有主动寻求新的想法，我们也能进一步提出好的建议。毕竟，大多数人甚至都意识不到自己还可以改善工作方式。因此，我意识到我们需要一种有价值的方法，能使用户与我们分享他们对日常工作的见解。这种共享本身需要对客户有价值。了解人们的行为对于为他们提供更好的帮助，至关重要。大多数企业都希望用户养成使用其产品的习惯。例如，我习惯用 Garmin 记录跑步数据。谷歌地图可以帮助我查找好的餐馆和餐馆。还有，我对宇宙的看法，以及我的吐槽，都发布在推特或者脸书上。

同样，我的团队正在努力工作以确保客户养成习惯，下意识地使用我们的 app 来查找和使用更好的工作实践。建立一种习惯性使用模式的时候，必须了解产品如何为客户带来价值。我相信您通常会用飞轮的方式来进行可视化。

简单的产品和服务，通常只有一个显而易见的 JTBD（待办工作），因而捕捉痛苦与收益相对容易一些。例如，我痛恨网络连接不稳定。这是仅次于劣质咖啡的最糟糕的罪行。整个宇宙为我们提供了很多好的、坏的东西，因为它待我们不薄。出于这个原因，我最近在家里购买了 Google Wi-Fi，摆放在我们的咖啡机旁边。自安装这款产品以来，我还没有遇到过 WiFi 系统①中断的情况，这大大缓解了我乃至我的邻居的痛苦。它还有其他一些特色功能，但对我来说，Google Wi-Fi 除了稳定我的 Wi-Fi 之外并没有其他有趣的事情。那是一项工作。一项重要的工作。但是，在其他情况下，工作要复杂得多。您可能需要将它们描述为多个相互关联的 JTBD，这些 JTBD 一起形成一个不可分割的整体。在这种情况下，可以画一个价值定位轮。

还有另外一个例子。我最近决定从 Google 通讯录切换到联系人管理应用程序 Cloze。作为一名作家、演讲者和企业家，我的通讯录中有好几千人，我需要一种合适的方式来组织他们的所有联系信息。我的苦恼是 Google 通讯录非常慢，最多只能有 25 000 个联系人。（是的，我还有更多联系人）我要完成的工作，是合并来自多个来源（例如领英联系人、

---

① 译者注：多个路由器之间形成 Mesh 网络来协同工作，每个路由器最多可覆盖 1500 平方英尺，3 个最多可达 4500 平方英尺。Google WiFi 默认三个装，该产品于 2016 年面世。2020 年推出了新一代产品 Nest WiFi，内置智能扬声器，覆盖范围为 5800 平方英尺。

MailChimp 新闻通讯和公司数据库）的联系信息，将所有信息汇总到一个地方，组织（排名和标记）联系人，以便了解他们来自何处以及我是如何认识他们的，跟踪我之前联系过的联系人，以便跟进各种状态，并通过新的介绍来扩大我的网络，就这样，整个循环才能重新开始。这不仅仅是一项 JTBD（待完成的工作）。这简直是整个的 JTBD 飞天大转盘！

在伦敦获得这个灵感之后，我画了一幅图。我意识到我们的产品可以提供更多的价值，只要能在我们的产品中添加缺失的部分。整个周末我都在研究它，并在接下来的那一周与海外团队进行讨论。可视化引发了激烈的讨论，关于新的产品功能，人们提出了大量的想法，这就需要我更新对产品愿景的初始想法。价值定位轮可以包含两个、三个、四个甚至更多部分，并且，轮子上的每个辐条都可以是一个特定的价值定位：运用产品所带来的痛苦或创造的收益。客户每次用您的产品来缓解痛苦或享受收益时，就像是在拉动特定侧的价值定位轮。每次，客户都可以站在不同侧，体验不同的好处。如果一切顺利的话，飞轮将开始旋转得越来越快。

现在轮到您了。找到客户的 JTBD，确定痛苦和收益，然后绘制一个价值定位轮。等各个部件安装到位后，就可以像飞轮一样自然运转。客户会因其相互关联且相互促进的多种好处而对您的产品表示赞赏。与操作飞轮类似，克服初始惯性并使其启动，可能需要花很多精力。但是，一旦价值定位轮开始旋转，就可以自动保持活力。

请记住，价值定位轮取决于精益角色。在选择需要完成不同工作的不同目标受众时，最终会遇到另一个问题，可能是零部件数量不同。当您为多端市场构建产品时，可能需要针对每个客户群使用不同的价值定位轮。它们可能看起来相似，但肯定会有重要的区别。

在第 3 章中，我简要讨论了独特价值定位（UVP）一词。 UVP 通常只有一两句话，用来向投资者和员工解释您的业务状况。要传达和交付独特的潜在优势。UVP 可以帮助干系人了解业务重点和客户需求。通常，独特价值定位由创始人、企业家或企业家，用来解释说明提供的产品或服务为什么不同于竞争对手的，以及客户为什么会选择您而不是竞争对手。例如，我们团队最近在融资演讲（Pitch Deck）中包含了以下 UVP：

> 全球范围内的业务教练和顾问需要的不仅仅是培训、幻灯片和证书来帮助公司变得更加敏捷。我们通过 app 提供 P2P 咨询平台，该平台提供一站式解决方案，为团队提供可行的变革想法并为他们协助和领导的团队提供改进数据。

在比较价值定位轮的可视化效果和独特价值定位的描述时，UVP 应该是视觉图像的书面摘要。只用一种简单的产品来获得好处时，这很容易。但是，如果价值定位轮由多个部分组成，就更具挑战性了。在这种情况下，必须有创造力并对整个价值轮有更深入的了解。无论哪种方式，在同时使用两种技术时，都要做到结果一致。

不要将 UVP 与标语、口号和独特销售规定（USP）混为一谈，这些标语、口号和独特销售规定（USP）是营销人员用来做广告的，目的是将产品或服务的好处传达给客户。显然，USP（或口号或流行语）可以基于 UVP，但它可能应该使用不同的、特别针对客户的说法。它也往往更简短。UVP 是向投资者和员工解释业务，口号或 USP 则是向客户解释产品。UVP 主要用于内部沟通。USP 特别用于外部沟通。例如，我们产品团队的口号如下：

> 敏捷冒险先驱。

在以文本段落的方式定义 UVP 的时候，请尽量不要只是列出产品功能。相反，请描述产品如何通过减轻痛苦和增加收益来完成人们手头上的工作，来改善他们的生活。各种工具都可以帮助您。例如，商业理论家和作家亚历山大·奥斯特沃德（Alexander Osterwalder）提出的《价值定位画布》，其中就有很多由其他作者提供价值定位模板。每个模板都可以帮助您确定自己要提供哪些最本质的东西。我将这个留给您作为一项家庭作业练习，上网探索价值定位模板和画布，并结合价值定位轮开展试验。文本形式的"独特价值定位"和图片形式的"价值定位轮"，都是迈向客户习惯性产品的重要步骤。那些拥有巨大价值的人正在等待着巨大的财富。

您从创建价值定位轮获得的见解可以直接进入 Shiftup 商业拼布的价值定位部分。对我的团队而言，飞轮的可视化使我们能够更好地定义我们的业务，并向干系人描述我们正在做什么。我们还决定在下一轮的股权众筹中突出显示这一点，这让我意识到，我甚至还没有给您讲过我们的第一轮融资。我鄙视自己的自大。让我们马上亡羊补牢吧。

相关说明、文章、书籍、案例以及下载资源，可以访问 https://startup-scaleup-screwup.com/product-vision。

众筹魅影

了解股权众筹的好处，然后选择是用众筹平台，还是全程自己来

这是我一生中最焦躁的时刻之一。我画在纸上的这条黑色实线显示人们通过众筹方式投给我们新创公司的资金正在缓慢而稳定地增长。这个每周一次的痛苦仪式用于推断这条线到截止日期的天数，检查它是刚好高于我们的最低众筹目标还是略低于该目标。每周，我都要增加新的投资者。每个星期，这条线都会上升。有时只是一点点；有时稍微多一点。到现在，我仍然可以看到自己当时留在咖啡杯上的咬痕。

译者注：本章名"The Crowded Shadows"来自席林·柯尔南（Celine Kiernan）于2010年出版的同名悬疑推理小说。

虽然我的一生干过很多愚蠢的事情，但有时也为自己无意中所做的一些高明的事情而感到骄傲。在这种极不平衡的尺度上，我蠢到什么程度呢？我甚至和精神病人交过朋友，还投资过加密货币。说到高明之处，我们启动公司的时候，选择的是 SPV（"特殊目的公司"，也称"特殊目的实体"）[①]。

SPV 实体可以汇集许多投资者，并且，当 SPV 拥有一家公司的股份时，在该公司的资产负债表上只有它这一行。公司未来的投资者欣赏这种结构，因为他们只需要和 SPV 这个实体打交道，后者代表数十甚至数百人行事，而不是与企业的许多小股东打交道。参见图 6.1。

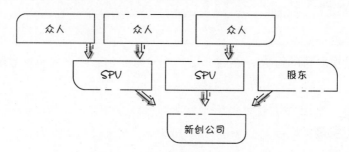

图 6.1　SPV（特殊目的公司）

在荷兰，这样的 SPV 通常被设立为非盈利基金会。SPV 基金会代表其投资者持有股份并发行凭证，从而确认和验证该基金会所持有的股份实际上已授予其投资者。除了技术方面的差异，这个解决方案非常类似于加速器和风险投资家常用的各种法律框架，借此从数量有限的合伙人那里募集资金来投资新创公司。起初打算用基金会时，我的主要意图是汇集联合创始人、顾问和其他业务伙伴的股份。结果没想到，在股权众筹活动结束的时候，SPV 竟然成为我们的救命稻草。股权众筹是指将私人公司中的股权（包括股票、凭证或其他类型的证券）通过互联网出售给众多个人投资

---

① 译者注：坊间也称"壳公司"，通常指仅为特定、专向目的而设立的法律实体。与普通的公司相比，SPV 除了设立的特定目的外，并不具备独立的经营和业务等职能。

者。我的一些消息来源声称，这种类型的融资现在比传统风险投资筹集的资金更多，而且这个市场每年都以两位数的速度增长。在我看来，风险资本家似乎注定会与旅行社、汽车经销商和书店殊途同归：消失或专业化。对于预算少且渴望获利的人来说，使用app和数字平台比使用带手机和秘书的高价中间商更有意义。只有拥有大量预算和特殊需求的投资者才能欣赏到他们与投资企业之间的个性化经纪人服务。其余的都将转移到平台上。当市场和人群转移到Tinder，Happn和Grindr这样的平台时，试问还有哪些人会需要经纪人、美女秘书和其他代理商呢？不要混淆股权众筹与债券众筹（通过众筹借钱，然后偿还本金利息），比如点对点贷款（以Funding Circle和Flender为例）。

股权众筹也不同于产品众筹，后者要求众多个人用户在开发新产品时支付首付，以换取特殊特权或专有版本（典型代表有Kickstarter和Indiegogo等平台）。股权众筹是指出让企业的部分股份，以换取企业可以存留和开支的资本。它适用于所有类型的企业，涉及整个业务生命周期的各个阶段，但可能最常用于组建（3）、验证（4）和稳定（5）阶段。股权众筹与天使投资人或风险投资可以结合，这一事实使得该实践成为敏捷融资方法中非常有趣的组成部分之一。它提供了更多选择，并减少了对特定资本来源的依赖。对我的团队而言，使用资金众筹是一个很容易的决定，因为很多人都已经很熟悉我的早期工作。

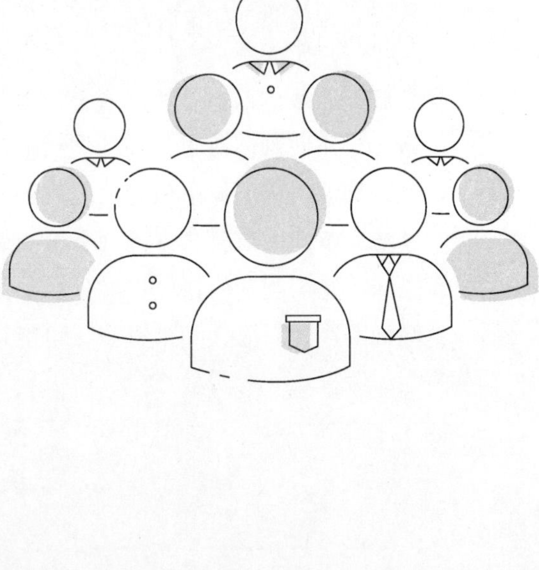

天使资金和风险投资的领域相当模糊，需要在人脉上投入大量时间，以引起人们的兴趣并得到投资者的青睐。对于那些已经真正与客户和业务合作伙伴建立良好关系的人（例如你的公司），股权众筹会更容易，因为您是在邀请许多人进行小额投资，而不是要求少数人进行大额投资。这就降低了声誉好的新生公司的进入门槛。当我们的团队在做商业拼布时，他们只是在独特竞争优势（Unfair Advantage）那部分写下我的名字，就相信该公司将受益于我这个身兼作家、演讲者和企业家多重身份的网络。对于资金众筹，这无疑是正确的。从众多个人投资者获得财务支持，甚至还可以带来更多好处。成功的股权众筹意味着您能够说服客户和合作伙伴，让他们不仅购买和支持您的产品，而且还将拥有其未来的权益，这对其他投资者也是一个积极的信号。反之亦然，您的一些小投资者也可能会考虑成为您的客户，因为他们希望您的业务能够取得成功。除了这些有趣的功能之外，任何众筹都可以免费提升产品在媒体上以及潜在合作伙伴和员工中的知名度，而且还是免费的。

通过众筹，您可以接触到众多的投资者，得到他们的反馈、想法以及与大的客户群体和更多投资者建立亲密的联系。我特别喜欢的是，众多的小投资者不会提出复杂的要求，例如优先股、董事会席位、高管人员变动或盘中的小胖独角兽。众人隐身于暗处。在他们中的每个人看来，只需要同意一系列条款即可，所有众筹活动中都有这样的标准条款，具体取决于您选择的平台。当然，也有一些缺点。您在股权众筹活动中的一切行为都是公开的。如果众筹失败，全世界都看得到。如果有创新的新业务模式的想法，请记住您正在与所有人共享。如果在众筹活动中说要做太阳能潜水艇，可能会被大家喷上好多年。另外，根据业务所在地的不同，您每年可以通过众筹方式募集到的资金数量可能也是有上限的。

最后但并非最不重要的一点是，参与众筹的人群中，会有许多零经验的投资者。他们对公司未来的确切估值没有任何概念。他们会提出一些小白问题，例如"我如何出售我的股票？"（除非您或您的众筹平台组织了二级市场，否则他们就只有等到公司出售或者在股票市场上市之后才能卖）这意味着您需要确信自己在做什么，因为这些小投资者不会帮助您避免做出糟糕的决定，而且其中有些人可能还需要您的安慰，让他们有些安全感。组织股权众筹有两种方式。可以自己做，也可以选择专用的众筹平台，例如 Seedrs 或 Crowdcube。众筹平台不是免费的。平台会针对总的需求收取一定的费用作为佣金，通常要求为总筹集资金的 5%至 8%。如果听起来很多，请注意，这些平台都有自己的特定用户群体。通过向他们支付这笔费用，您可以访问他们的众筹投资者网络。他们还告诉您，他们会接手您的工作，但是我对此表示怀疑。

Seedrs 是我们选择用来处理股权众筹的平台，它只向欧洲投资者开放，但我的网络中大约三分之一的人都不在欧洲。因此，我决定自己处理非欧洲投资者。我们有一个基金会（特殊目的公司）可以轻松集合投资者并为他们提供股权证。因此，我们创建了一个新的正式权证协议，该协议通过SPV 将公司股份绑定到众多的个人投资者，以换取他们的注资。我们用融资演讲创建了一个注册页面、一个涵盖所有问题的"常见问题"页面、一个带有正式文档的公用文件夹以及每个人都能得到定期更新的新闻简报。整个过程就是这样。通过在 PDF 文档上签名，我们便能够出售价值数十万欧元的股票。正式、合法和简单。

我刚才描述的是自己动手这种方法。众筹平台（如 Seedrs）可以为您完成所有这些工作。他们创立了自己的 SPV、他们对投资者提供了自己的帮助文件，他们有自己的通讯系统。但是，以我的经验，他们也会提出很多问题，并且要求企业提供大量法律文件来使整个活动从开始到顺利完成。花在满足众筹平台对信息的不厌其烦的要求上的所有时间，堪比我在基金会自己动手做众筹所花费的时间。换句话说，如果我只选择一种方法，而不是同时组织两种方法，那么我的工作量将是两倍。感觉就像是才让房产经纪人看了房子并解释了如何出售，结果紧接着第二天就自己成交了。

我有提到融资演讲吗？我确定我提到过。除了所有的法律信息、常见问题解答和注册页面外，融资演讲是所有筹款活动的核心。您可以（并且应该）做视频，并且可以（并且应该）写博客，但是每个人都希望您至少有一个可以让他们翻阅的融资演讲。在开始众筹活动之前，要确保花大量时间来创建和调整演示文稿幻灯片。我们仍然处于验证阶段（4）的初期，这意味着当前只有一个有限的原型，没有机制，也没有机器学习，也没有可以拿出来说事儿的可观的收益。因此，我们主要推了一下问题、建议的解决方案以及价值定位。其他一切都还在猜测中。（我将在第 21 章中返回"融资演讲"这个主题）

随后是启动营销。无论是用众筹平台还是全程自己来，要做的推广活动都一样。主要区别在于所有与法律事务有关的问题都由平台来解决。更重要的是，如果选择的是自己来，就无法访问平台上现有的众筹投资者，所以，务必确保可以在自己的网络中找到足够多感兴趣的人。最后要考虑的是，即便是自己的公司，在推广股权出让方面也可能受当地法律的限制。先咨询财务顾问！

对我们的团队，众筹的三个月让我们陷入高度紧张的状态。通过我每周更新的"燃起图"（请参阅第 14 章），我们可以密切关注投资者注入了多少资金。几周过后，图表显示，照那条上升的直线来推算，到截止期限，我们几乎不可能达到 30 万欧元的下限。

在很长一段时间内，我们都不能确定是否能够取得成功。在众筹结束的时候，会是什么样的呢？临近截止日期的时候，这条线会上升得更快从而使我们越来越多的粉丝担心错过这次机会吗？还是在用尽所有网络联系人以及由于我们发送太多垃圾邮件而导致亲朋好友纷纷取关我们之后这条线会开始走下坡路？我们不知道会是什么结局。如果这次众筹达不到最低目标，整个募资活动就会被取消，所有投资者都将收到退款。我们呢，则会关门。

相关说明、文章、书籍、案例以及下载资源，可以访问 https://startup-scaleup-screwup.com/product-vision。

疯狂咖啡

每天和团队碰个头，一起来个每日咖啡会谈，向彼此发送每日更新，通过这种方式来发声工作

欧洲中部时间 17:00 （5 p.m.），我登录 Zoom，这是我们团队选用的视频会议工具，其他团队成员随后也纷纷登录上线。我们大约聊了 5 分钟，侃了下 FIFA 世界杯总决赛以及北欧的桑拿天。我还告诉我的团队，我的出版商要我再写一本书，这是他第三次提议，就像我这个在创业的人还不够忙似的！然后，我们转入正题，开始会议日程。聊天窗里敲入三个议题：关于价值定位轮（Value Proposition Wheel）、进行中的股权众筹和启动重

译者注：本章名"The Lunatic Cafe"来自劳瑞尔·K. 汉弥尔顿（Laurell K. Hamilton）于 2002 年出版的《安尼塔·布莱克，吸血鬼猎人》系列中的第 4 本。

做文化密码（Culture Code）的想法。这次会议花了 25 分钟，略高于我们以往的平均时间。团队需要有一些时间来讨论他们对资金众筹的担忧和顾虑。对此，我表示理解。毕竟，我们都拿不准是否能够取得成功。

在这轮会议结束的时候，我们例行开始五分法①投票，一起对这次会议的价值做出评价。这一次，我们达成的共识是大家都亮出了 4 个指头。

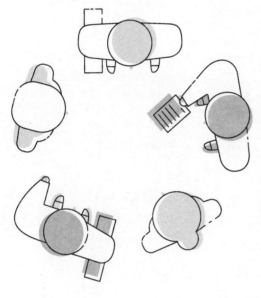

第二天早上，我在 # work-out-loud（发声工作）频道上向团队写了一条 Slack 消息，让他们知道我当天的计划："今天：支付所有月度账单。更新众筹预测。前往柏林参加创业启动活动。"我还告诉团队，这次旅行意味着我当天无法参加我们的每日咖啡。作为创始人、企业家、企业家和业务领导，我的工作重点是创造一个让人们可以轻松交流和协作的环境。没有这个基础，团队将无法取得太大的成就。幸运的是，有些健康的团队实践很容易引入和保持下来。对于许多专业的软件团队，日常交流是成功的交流与合作实践。每日咖啡或者每

---

① 译者注：即 Fist of Five，也称"举手表决"和"拳头投票"，是敏捷团队的一种共识决策方式，主要聚焦于衡量大家的意见并投票做出决定。不同数量的手指头意思不同，5 指表示"想法好极了。为什么我没有早点想到呢？"4 指表示"这个想法好，我全力支持。"3 指表示"中立。这个想法没问题。但也许会有更好的想法。但也许没有。"2 指表示"不喜欢这个想法。我宁愿选择别的。" 1 指表示"这个决定会对我们的情形造成威胁。"拳头握紧则表示"完全不赞成。我们要寻求替代方案。"这种建立共识的方式接近于"五指共识"，其目的在于评估达成共识的程度，不需要多花时间进一步讨论，具体操作方式可以参见《游戏风暴：硅谷创新思维引导手册》第 209 页。

日站会，是一个简单的碰头会，时间通常约为 15 分钟，目的是让整个团队了解彼此的进度，相互提醒当前有哪些重要的目标，以非正式的方式协调工作，快速发现问题和瓶颈，及时沟通最好通过见面来解决的话题。

这些碰头会有一个标准格式，由三个问题组成，团队中每个人依次回答这三个问题。

1. 我昨天/今天做了什么（有助于我们前进）？
2. 今天/明天我将做什么（有助于我们前进）？
3. 哪些障碍阻碍了我的进步（或团队的进步）？

每日站会可以在全球范围内成功举行，但对于新创团队和远程团队，采用这种做法可能是一个挑战。有经验报告表明，每日站会这样的实践对此类团队不是特别有效。初创企业和分布式团队需要通过不同的方式来相互交流，需要不同的方来做决策，需要不同的方式来保持联系。不同于集中办公的团队，新创企业和分布式团队面对的情况不一样，他们的工作性质更加多样化，团队之间的联系更松散。这三个标准问题变成了一种烦恼和负担。为什么新媒体营销人员要让后端开发人员知道她昨天做的电子邮件营销？我们为什么要假设用户体验设计师可以帮助解决 app 开发人员报告的技术问题？

每日站会的另一个问题是状态更新同步。大多数远程团队分布在多个时区。也许有人可以在纽约时间上午 9:00 向团队成员报告其状态。但是对于印度的某个人来说，"您今天将要做什么？"这个问题在下午 6:30 毫无用处。远程团队经常会把日常站会视为浪费时间。结对更新很有趣，但分布式团队中的人

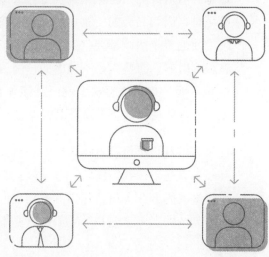

们已经认识到异步更新同样有效。Slack 机器人和其他专用工具要求团队成员在对自己时区有意义的时候将自己正在做的工作告知自己的搭档，这似乎同样有效，并且花的时间也要少得多。遗憾的是，由于转向异步更新，许多远程团队完全放弃了日常站会，只保留面对面的讨论，而不是每周一次的会议。但这样做难免貌似于连同洗澡水把婴儿也一起倒掉的典型案例。

但是，如果尝试组织一个四人以上的自发会议，会面临日程安排的问题、日历冲突以及生产力的巨大损失。您可以轻松地为所有突发的事件预留专用的每日咖啡富余时间。提前计划好之后，您会注意到团队成员会减少只有三四个人参加的聊天次数，因为可以在下一个每日咖啡中更容易地提出问题。如果团队中队友更愿意关注某个关键的议题，则仍然可以选择不参加本次每日碰头会，但每日咖啡可以起到推动社交和讨论要事的作用，并暗示不要把此类对话推迟到 24 小时以后。这类会议的目的是让团队展开协作。

在我们团队，每日咖啡是个聊天室，讨论的是三个或更多人之间最好面对面讨论的事情。我们决定在欧洲中部时间 17:00（下午 5 点）组织会议，这意味着对我们大多数人来说是当天结束时间。就个人而言，我更喜欢起床闹钟，因为当天的所有事务都可以放到同一天中进行讨论。在默认情况下，我们整个团队都会收到会议邀请，参加当天的每日咖啡碰头会。但是在很多时候，有些人是不出席的，因为假期、私事或偶尔因为他们当天会议较多而只想完成手头上的一些工作。但是，我们的碰头会总是按时开始，并且即使有几个人没有出席，也不会因为他们而推迟。

在组织过几百场每日咖啡这样的碰头会之后，我们学到了对我们有价值的几点。首先，在我们团队，总是以强制性的五分钟闲聊作为开场白，作为积极进取的专业人员，我们注意到我们倾向于直奔主题，立即开始讨论重要而复杂的话题。但是，我们也需要不断提醒自己，与工作无关的对话对促进团队协作也很重要。其次，我们从来不发议程。我们都是在最后责任时刻即兴创建一个主题列表。我们在聊天窗口中敲入并在列表中进行操作。最好有一个用于每日咖啡碰头会的时间表。最后，对于常规团队的传统每日站会，通用的建议是每天最多 15 分钟。但是，远程团队需要更多的时间来增强团契，因此我们将时间盒设置为 30 分钟。任何超过此时间限制的会议，都会使参加者感到无聊，让他们分心。

有时，我们的每日咖啡碰头会只花几分钟的时间，如果只有少数几个团队成员上线而且要讨论的话题很少的时候。在其他时候，则可能需要长达半小时的时间，这是我们能够坚持的上限了。通常，建议讨论三四个主题，总共花大约 10 到 20 分钟时间。必要时，任何大的事情都通过私聊的方式精准对接到更少的人。团队成员对另一个人说："好，让我们在电话后讨论细节。"这种情形很常见。我们都意识到不要浪费别人的时间。为每日咖啡碰头会安排一个开场闭幕仪式是件好事。我们团队养成了一个习惯，那就是在每次会议结束时，出拳，伸出手指为会议价值打分（也称"五分法"），因为他们希望保持咖啡碰头会的效率。任何团队成员打出的低分都会使人们立即意识到会议可能还有待改进。我们留下投票截图，然后通常将其发布在 Slack 上。

现在，您可能想知道我们何时让对方知道这些信息："这是我昨天所做的，而这是我今天要做的。"好吧，我们将这部分沟通放到了每日更新中，在 Slack 的#发声工作频道。发声工作这种方法由作者兼企业家约翰·斯蒂伯（John Stepper）[①]所倡导，该方法要求人们不间断地与搭档分享自己在做什么以及为什么要这样做。思路是，通过向有兴趣的人（最重要的是，与您合作的团队）广播您的意图和进展情况，人们可以更轻松地

---

　　① 译者注：简称 WOL 工作法，WOL 指南可以从以下网址获得：https://static1.squarespace.com/static/5602f08de4b0cb7ca5d4a933/t/5b4543a2f950b740291099de/1531265957512/WOL+Circle+Guide-Week0_CN.pdf，或也欢迎大家联系 coo@netease.com，一起讨论和改进。

从您的工作中学习、回复以建议和改进以及参与协作。

我们团队为我们的每日更新创建了一个#work-out-loud 的 Slack 频道，所有团队成员都会订阅该频道。不同的队友在白天的不同时间发送更新，但最倾向于在早上发送。我们团队跨越加利福尼亚到波兰的不同时区，意味着该频道全天都在更新。我几乎读过每个人队友的更新，因为我是一个好奇的人，我喜欢知道公司的最新进展情况。我很高兴看到队友们并不只是分享他们的工作。我没有什么忌讳，偶尔也分享一些饮食习惯，跑步锻炼或者在读什么书，都有。

其他人对自己生活中发生的许多事情也持开放态度。如果您有一个稳定成熟的多地办公团队，那么，把搭档状态更新与每日碰头会结合在一起，是有一定道理的，这是每日碰头会的目标。但是，新创团队和远程团队的好处是，可以将通过每日咖啡时间进行的面碰头会议与通过每日更新的发声工作方法区分开。

相关说明、文章、书籍、案例以及下载资源，可以访问 https://startup-scaleup-screwup.com/product-vision。

白银溪流

借助于看板让工作变得可视化，借助于限制在制品来优化工作流程

我曾经一度为铺天盖地的工作而变得有些手足无措。当时，我的屏幕上有
23 个 Trello 展板，上面满满地都是计划中的工作和正在进行的工作，这些
工作任务像野兔一样以惊人的速度繁殖着。我们设置了一个招聘漏斗、一
个投资者漏斗、一个客户漏斗，还有团建话题、团队想法、客户请求和错
误修复，还要加上一个内容日历以及其他更多东西。我们把所有这些都整
理为 Trello 上的想法展板和任务展板。前一天，在我们每日咖啡会谈里，
有个团队成员建议可以把年底前拥有 100 块 Trello 展板作为我们团队的终

译者注：本章名"Streams of Silver"来自萨尔瓦多（R. A. Salvatore）于 2007 年出
版的奇幻名作《冰风谷》三部曲中的第二部。

极衡量指标。大家都哈哈大笑，但同时也带着一丝苦涩。

这里需要提及的是，Trello 是一个简单但功能强大的在线工具，它可以帮助人们使用白板、卡片和竖列的概念来实现对工作的管理。它既简单又实用，人们可以用它来做任何事情，所谓从收集新生婴儿诞生礼到葬礼计划安排，无一不可。Trello 满足了让工作变得可视化的原则。所见即所得，如果能看见自己在做什么，通常能更好地管理正在做的事情。

有天，我打开了关于特性想法的展板（我们诸多展板其中的一个），看到了排列在多个竖列中的几十个故事卡。我不禁感叹，怎么会这样呢，我们明明在一个产品上投入了这么多的工作，但仍然没有一个好的产品。由于我自己都没用过自家产品，所以此时也很难把这归咎于客户。很明显，此时我们才刚刚开始探索合适的产品/市场契合度。而此时 Trello 的展板上已经密密麻麻地写满了待办事项。

我关闭了 Trello 上这个关于特性想法的展板，然后单击 Trello 中的加号图标以创建另一个新展板。我把它命名为"写书项目"。是的，屈服于来自出版商的压力（或魅力），我决定再写一本书。这本书将讲述如何以独立创业者或企业内部创业者的身份经营一家创业公司，并希望将其进一步转化为规模化扩张的企业，并在这个过程中尽量保证不会搞砸。

学习的最好方法是把学到的东西写下来。作为一个创业公司的创始人，我意识到我还有许多东西需要学习，于是我决定开展一些实地调查。作为一名公共演说家，我在欧洲各地旅行，所以很容易采访到来自其他正在进行创业或扩展的公司的员工，我可以请教他们是如何做到不把事情搞砸的。然后，我会从我所写的书中汲取教训，并将这些经验应用到自己的创业中。这真是个绝佳的主意。然后，我将"庆祝新项目开始"的卡片添加到这个新展板的第一竖列中，并关闭了整个展板。现在，我的 Trello 里已经足足有 24 个展板了。好吧，离我们团队自己设定的 100 个展板年度终极目标又迈进了一步。

看板（见图 8.1）可能是工作领域中最重要的创新之一。看板这一概念源自于丰田公司的信息板（日语称为"看板"），它是一个简单的二维板，从左至右划分为多个垂直的竖列，每一竖列代表一个工作流或价值流的状态。最简单的工作状态划分可以分为三竖列：计划、进行中和完成，但人们为了让展板信息更有意义，一般会在这三者之间添加更多的竖列。看板上会显示各个工作项从左向右移动，跨越工作流程的各个阶段，看板正是采用这样的方式让工作变得可视化。

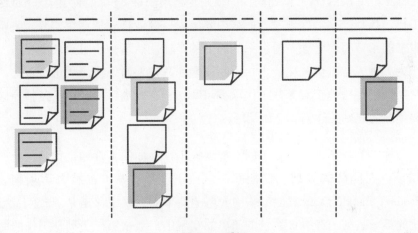

图 8.1　看板

此时，看板社区中的正统派或激进派人士可能会跳出来，要求我点明 Trello 并不是一个特别合适的看板工具，因为它只支持看板重要的原则之一：让工作可视化。冒着被大张挞伐的危险，我会这样进行还击："这比胡说八道还糟糕。"如果说 Trello 不符合看板的标准，那么使用最普遍的物理白板也不符合这个标准。每种实物工具或数字化虚拟工具都有其自身的可能性和局限性。要得到一个合适的看板系统，完全取决于我们如何使用这些工具。您可以使用物理白板、Trello 以及许多其他更高级的工具来实现看板系统。

看板社区中的进步派和开明派人士可能会客气地向我指出，基于竖列的实现只是看板系统的其中一种实施方法而已。对此，我会说："那只是锦上添花罢了。"固然，基于竖列展现的工作流是最普及的可视化实现方式，这也是我在这一章中所重点关注的形式，但任何一种对工作的可视化方法，不管工作流是从下往上、从上往下、横向流动还是画成圆形，都可以成为一个看板系统。

一开始，看板系统是作为一种调度和库存控制技术由丰田公司推广的，它通过改进协作流程和持续改善来实现汽车零部件的零库存生产和及时交付（Just-in-time delivery）。而同样的原则也适用于许多其他种类的线下或线上工作，包括产品特性开发、博客内容组织、商业模式的精益实验，甚至一本书的章节写作管理。看板系统的目的是让团队聚焦于最重要的事务。它作为一种工作流可视化技术，不断提醒团队需要对工作流程进行优化，并帮助他们轻松地查看哪些工作项被阻塞、具有较高风险或由于其他原因需要团队的立刻关注。

在一个标准的、基于竖列展示的看板展板上，上面的卡片通常代表单个的工作项。在团队的规划会议期间，这些工作项会从产品待办事项列表（Product Backlog）或其他一些诸如愿望清单的列表中移出来，放入看板系统的第一竖列。在看板系统的简单的实现中，通常第一竖列是工作的愿望清单列表，而其他竖列则展现了实际正在进行的工作流。

看板上的竖列表示价值流中的不同阶段或状态。除了计划、进行中和完成三个经典状态外，还可以包含其他状态，比如计划外、准备就绪、编程中、测试中、获得批准、beta 测试中、上线等多种状态。这些状态取决于您要可视化的工作项的具体类型。一个内容看板与一个管理精益实验的工作流程在外观上必然会有很大的差异。但它们的共同点是，这些工作流都值得实现可视化的展示，这样会使得管理工作变得容易。

只有当您遵循另一个重要原则时，看板系统的魅力才会真正显现出来，这个原则就是限制在制品（limit the work in progress）。针对某些类型的工作以及工作流中的某些状态，让正在进行的工作项数量尽可能地少，这是有意义的。例如，同时进行 16 个产品特性的开发工作并不符合常理，除非您的团队是鼎鼎大名的苏尔曼八胞胎。通常而言，最可能的情况是，团队成员不应该同时处理两个以上的特性，甚至有可能只应该专注于单独一个特性的开发工作。因此，我们应该为"进行中"那一竖列设置在制品（WIP）限制为 1 或者 2，这是合理的。当多个团队成员同时进行产品特性开发时，可以将 WIP 的限制设置为希望整个团队任意时刻进行的工作项的最大数目。

经典的排队论法则表明，当设置的 WIP 限制越小，每个工作项跨越看板上的工作流速度就越快。当然，有时我们并不总是一味地追求快速。因此，必须在制品数量和完成多个工作项所需要的时间之间寻求平衡。

一个通常的做法是将 WIP 限制写在竖列的标题中。一个竖列加上在制品限制（WIP Limit）之后，当该竖列中正在进行的工作项达到这个最大数目时，只允许团队成员在完成其中一个工作项并将之移动到下一竖列之后，才能从前一个竖列移动另一个新工作项到当前竖列，并为之开始相关工作。由于该限制的原因，可以说这个团队是以从右到左的方式来拉动（pull）工作的。团队首先专注于完成右边的工作项，只有当右边有可用的生产力时，他们才会从左边拉出新的工作项。通过限制在制品，可以加强团队的纪律性，并让大家对工作流保持持续关注。

看板上的卡片可以承载各种各样的信息。在对各个公司的采访中，我曾经见过一些卡片上有团队成员的小照片，用这样的方式直观地展示卡片的任务所有者。还见过团队用不同颜色的便利贴来区分不同类型的工作，例如新特性、bug 修复

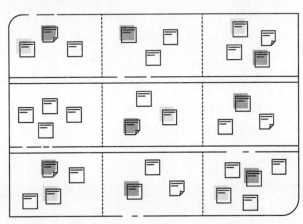

或需求更改。还有一些团队利用便利贴的方向（直放/正放或斜放/歪放），并添加贴纸、点、符号或其他注释来进行区分。甚至有些团队为看板加上横向泳道，并加以金、银、铜颜色区别。所有这些都可以用来表示关于工作项的附加信息，例如特性主题、优先级、等待的天数、进行中的天数、阻滞/障碍以及特定的干系人或精益角色。

专家的说法是，团队应该利用他们的看板进行自组织管理，并且团队应该共同承担实时更新看板的责任。在各种会议中，团队应该围绕这个可视化的看板，讨论那些应该首先完成的工作项，需要特别注意或排除障碍的工作项，而且应该从右向左将工作项拉至右边的空槽，而且在拉动的过程中时刻牢记板上各个阶段的在制品限制。这个可视化的板子应向有关的各干系方提供信息，让他们能顺利地接收或者交付这些工作项。为了更深入地理解工作流，团队还可以定期更新看板的燃尽图（Burn Chart）或累积流图（Cumulative Flow Diagram，详细内容请参见第 14 章）。

经验丰富的团队还会留心其他几个指标：每周完成的工作项总数量（即吞吐量）、工作项在看板上的平均处理时间（即交付时间）以及有价值的工作与工作项在队列中的等待时间二者之间的比例（即工作流效率）。随时间推移，当工作流达到稳定状态时，是很容易衡量这些度量指标的。但是当日常业务还处于一团乱麻时（这种混乱状态在创业公司里似乎是家常便饭），在这种情形下不太可能衡量这些指标。让创业公司衡量他们的工作流效率，就好比试图让小孩子保持稳定的每日步数、卡路里、心率和睡眠周期。我认为，处于验证阶段（4）之前并包括验证阶段的那些年轻企业，仅仅使用基本的看板系统就能获益匪浅，对于以上提及的更高级的看板应用可能要等到企业至少达到稳定阶段（5）再纳入考虑。在成长为青少年之前，请允许孩子保持他们的稚气吧。他们必须自己学会成长。

我的好朋友吉姆·本森（Jim Benson）是《个人看板》（*Personal Kanban*）一书的合著者，他提到了适用于所有看板系统的两条规则：第一是让工作可视化；第二是限制在制品。从前面的内容中，我们已经看到如何在看板系统中应用这两个原则。然而，在欧洲各地对各种创业公司和规模化公司的采访让我相信，我们还可以为之增加第三个原则：降低依赖。一个工作项可能依赖于其他东西，而这些东西有可能来自于团队之外，因为依赖关系该工作项不能在您的价值流中顺利地向前移动，这时您可能想要使用一个大大的红色便签贴来表示一个重要同时又很糟糕的依赖关系。在所有可以添加到看板的信息中，依赖关系可能是最重要的信息。

为了完成我承诺要写的那本书，我决定联系欧洲各地的几十家创业公司和规模化扩张公司。其中一家是柏林的 Onefootball，该公司的信息服务覆盖超过 100 家国际足球联赛的资讯和比赛实况，我与这家公司的软件工程副总裁霍尔格·汉默尔（Holger Hammel）进行了会谈。他也让我意识到"依赖"的重要性。

> 我们有一个新闻团队、一个比分团队以及一个平台团队。平台团队负责内部工具开发；新闻团队与记者和摄影师一起工作，比分团队负责处理统计数据和推送通知消息。我们公司经历了一个重大的转变，从基于组件开发的团队转变为跨功能开发的团队，现在每个团队中都有 Android、iOS、DevOps、QA、后端和前端开发人员。而在以前，基于组件开发的团队在开发过程中总是不断地遇到阻塞的 情况。对于我们想要发布的任何特性，我们都有针对 iOS、Android 的工作项，可能还有 Web 和后端平台的工作项。所以对于每一个小的特性，基于组件进行开发的时候，团队之间都有高达四次或五次的交接。但是现在，每个跨功能开发的团队都能独立地处理自己的工作流。这样，我们大大地降低了工作项之间的依赖性。
>
> 霍尔格·汉默尔，Onefootball 公司软件工程副总裁，德国柏林

爱沙尼亚塔林^①，Pipedrive 公司为销售人员提供客户关系管理（CRM）平台，在其布满各种管道、筒体、圆形和有机形体的漂亮办公室里，他们的 CTO 谢尔盖·阿尼克（Sergei Anikin）也给我讲了一个类似的故事。

> 您应该有一个持续不断的交付流程，在这个流程中，可以根据需要每天进行多次部署。这会迫使您去尽力移除团队之间的依赖关系，而这种措施实际上会有助于提高开发速度，因为团队不需要等待其他人了。我相信大多数团队可能会花一些时间，我不确定这个比例，但或许只有 50% 的时间是在做一些实际有用的事情，而另外大约 50% 的时间则是在等待其他人完成他们的任务，或者等待其他事情发生，在这之后他们才能继续推进自己的工作。这就是我最近花费大量精力的地方：竭力消除所有这些等待时间。

谢尔盖·阿尼克，Pipedrive 公司 CTO，爱沙尼亚塔林

我与谢尔盖在爱沙尼亚塔林的交谈，是我对 30 家公司采访中的第 27 次访谈。当然，我把这些访谈都放在一个叫"访谈"的新的 Trello 展板上。这是我的第 25 个 Trello 展板，25 是我的幸运数字，同时，这也让我们达到了 100 个展板年度目标的 25%。

相关说明、文章、书籍、案例以及下载资源，可以访问 https://startup-scaleup-screwup.com/product-vision。

---

① 译者注：爱沙尼亚是全球首个推行全面数码化的国家，其居民身份证配有数字签名，99% 的政府服务都可以在线上完成，个人的税则可以在 3 分种之内完成。爱沙尼亚是新创公司的天堂，推出了全球首个电子户籍计划，欢迎所有人在此创业。知名创业公司有 Skype 和 Pipedrive 等。

万物的发明

将设计思维方法与精益创业方法结合起来，让我们一起探索创新的漩涡

想象一下，您正在用尖端科技设备打造一个新的健身中心。您甚至还有一架带有人工智能带加密货币交易功能的无人机。镇上的居民对此都热情高涨，因为在这个区域这些新鲜事物还真是"活久见"。于是，许多人已经完成了这个健身中心的注册！之后，当健身房装修好了，开业了，顾客们也付款了，但是……健身房却迟迟无人光顾。是的，人们的确为他们的注册付了会员费，也许是因为他们认为自己应该去健身房锻炼，也许是因为

译者注：本章名"The Invention of Everything Else"来自萨曼莎·亨特（Samantha Hunt）于 2009 年出版的同名科幻小说。

追新使他们感到自己新潮和时髦，但现实摆在那里，您的健身房大部分房间还是空荡荡的。设备无人使用，只是静静地矗立在那里落灰，唯有无人机与健身器在孤零零地比拼着，看谁能坚持到最后。然而，附近其他城镇的人也发现您建了一个花哨的新潮健身俱乐部，兴冲冲地跑来问："您什么时候也上我们镇上开一家这么棒的健身房啊？"这时，您该怎么回答他们呢？您会因为人们让您开健身房您就开健身房吗？或者，您是否搞清楚了为什么无人光顾您开的第一家健身中心？

当人们问我们"什么时候会推出 iOS 版本"的时候，我都会向他们讲起前面这个故事。这的确是一个被人们频繁问及的问题，因为在验证阶段，我们选择只在 Android 平台上试水。虽然很多人不理解，但我们为什么要把一些不能用的东西复制到另一个平台上呢？因此，我们围绕着我们创造的客户精益角色，即外部顾问阿尔贝托和内部教练帕翠莎进行了多次热烈的讨论，试图了解是什么吸引他们来使用我们的产品。我们还为此进行了数十次客户访谈，进行了数百次精益实验。我们甚至短暂尝试了一个企业订单，虽然之后很快就放弃了。在这个探索过程中，我们了解到，这种健身房契约式的会员资格只会给我们的团队带来额外的工作，但这种契约并不能让任何客户对使用人工智能带加密货币交易功能的无人机产生迫切热望。

所以，业务失败的首要原因是，市场缺乏对新产品的需求。除此之外，用户界面不友好的产品、不实用的产品以及那些功能完全不清不楚让人晕头转向的产品，也导致了大量的创业失败。对照起来，我们团队可能每种错都犯了一点。如果创新是件轻而易举的事情，那每个人都会去从事创新工作了。创新的一切都始于理解这个大问题："为什么一个客户会需要这个产品？"

带着同理心去理解用户，为他们创造有用的东西，这是设计思维的领域。设计思维是一种"以人为本"的产品和服务设计方法，它将人们的需求与技术上可行和合适的东西匹配起来，以提高人们的生活质量。通过与用户产生共情，充分理解当前解决方案的问题和缺点，有时这会让运用设计思维的人实现突破性的创新。如果没有他们参与创造，这个世界可能会毫无生气。

然而，设计思维也有不同的风格，最流行的两种模式通常被描述为**共情-定义-概念-原型-测试**循环（由斯坦福大学设计学院 d.school 提倡，参见图 9.1）以及**探索-定义-开发-交付**的双钻石设计流程（由英国设计委员会创建，参见图 9.2）。

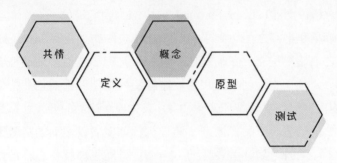

图 9-1　d.school 的设计思维

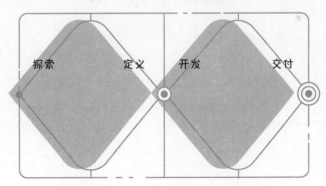

图 9-2　设计委员会的设计思维

关于设计思维，我发现特别有趣的一点是，设计方法的出发点是基于感觉而不是事实。习惯于设计思考的人与科学家的显著区别是，科学家更喜欢确凿的证据和事实数据，而习惯于设计思考的人首要目标是探索其研究对象的情绪状态。当用户说她感到沮丧时，习惯于设计思考的人会很自然地接受这一点，无论是否有事实表明用户的沮丧是无理还是合理的，在试图通过探索和开发解决方案来处理这种沮丧情绪之前，习惯于设计思维的人会先去尝试理解这个情绪状态背后的原因。感觉先于事实，虽然他们之后可能也会找到事实来解释以一个人的感觉，但这些事实并不会改变这些主观感觉。这样说可能会让我的一些读者感到不舒服而会辩解说，对于创新产品的开发，我们需要感觉，也需要事实，两者一样重要。我也同意这个看法。

幸运的是，精益创业（Lean Startup）的方法为我们提供了一个机会，让我们可以在感觉和事实之间达到平衡。在史蒂夫·布兰克（Steve Blank）的工作基础之上，埃里克·莱斯（Eric Ries）推广了精益创业的概念，这是一个当下十分流行的为创业者和企业家打造的框架，精益创业描述了如何**通过多次构建-度量-学习**循环（图 9.3）来管理新产品的开发，从最初的想法到实现经过验证的产品。该方法通过执行许多假设驱动的实验来不断验证学习结果，从而达到其主要目的——缩短时间去理解什么样的产品和什么样的商业模式最符合用户的需求。

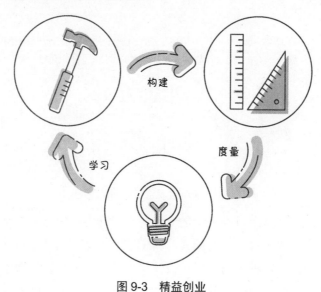

图 9-3　精益创业

与早期的、缺乏结构化的创业管理方法相比，让精益创业脱颖而出的是它对科学方法的依赖。精益创业与设计思维有所不同，它更注重事实而不是感觉，强调使用假设来驱动降低风险。然而，关于精益创业的一个关键性评论意见是，在**构建-度量-学习**循环中，常常不知道想法和假设应该从何而来。当然，史蒂夫·布兰克强烈建议走出去看看（Get Out of the Building），但"走出去"和"形成假设"两者之间的跨度仍然不小，关于此处超出精益创业的描述还是比较模糊的。如果在精益创业中经受严格测试的想法是源自以共情的方式对用户需求所产生的理解，就再好不过了。另一个关键性的评论意见是，大多数人并不擅长定义和验证假设，只是任由他们的认知偏见来决定事态的发展走向。我们将在讨论精益实验时继续回来讨论这一点（参见第 10 章）。

通过简单地将这两种方法叠加起来进行互补，我们可以很容易地解决设计思维和精益创业本身各自所带的小问题，因为前者的优点似乎正好是后者的缺点，反之亦然。设计思维擅长于探索用户的需求，以同理心去理解他们的挫折和愿望，并提出更好的解决方案。精益创业则擅长以最简单的可行方法来测试已经有的想法，并验证解决方案的有效性和解决问题的能力。这两种模式在执行过程的中间部分有明显的重叠，但精益创业在开始时漏掉了几个步骤，而设计思维在最后阶段走了捷径。为什么不简单地将二者合成一个综合模型来解决所有问题呢？这就像用两个落地灯做成一个哑铃一样，非常有创意。

我把这个综合模型称为"Shiftup 创新漩涡"（见图 9.4）。它由七种不同的工作流组成，不同工作流之间相互交织如下。

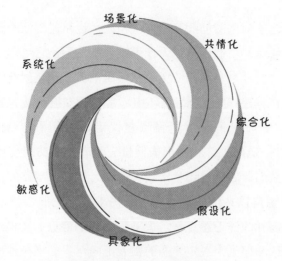

图 9-4　Shiftup 创新漩涡

创新漩涡的第一股工作流是**"场景化"**，它的作用是将创新聚焦至一个领域。尽管我很讨厌这么说，但您的确不可能解决这个宇宙中的所有问题。您必须专注于某件事。这就意味着，在您着手观察和采访别人之前，首先需要知道哪些人与这个问题相关。在您开始对您的用户产生共情之前，需要首先决定谁可能成为

您的用户。显然，您的产品愿景和选择的精益角色此刻是与此工作流密切相关的工具。这个"场景化"工作流会引导您做出决定，在这个宇宙中具体是哪一部分问题值得您去研究和改进。

"共情化"工作流既是设计思维模型的出发点，也是其闪光点。这个工作流旨在尽可能多地挖掘出潜在用户的需求，比如他们的痛点、愿望和经验。习惯于设计思维的人将自己置身于他们目标用户身处的环境中，以便针对所有问题凭借第一手经验获取更深刻的

理解。通过产生共情去理解用户，他们的目标是抛开自己的假设，去真正地洞察人们是如何体验这些实际情况的。这里使用的具体技术可以是实地

考察、用户访谈、神秘顾客测试、同理心地图以及研究网站和服务台的用户数据等。这个工作流所产生的输出结果是一大堆非结构化的研究结果，既有情绪相关的内容，也有事实相关的内容。

在精益创业术语中，这一工作流中的内容通常也被称为"走出去看看"（Get Out of the Building）。尽管与设计思维相比，精益创业对共情的强调要稍少一些，但它也绝对大力鼓励企业的创始人和商业领袖在锁定一个具体解决方案之前，将自己置身于目标客户的真实环境里，力求亲自获取对客户需求和愿望的、第一手的理解。有些创始人甚至会选择去做一段时间的志愿者，去从事客户正在做的工作，也有的以学徒或实习生身份与一些客户一起工作，以求尽可能地了解所有相关的信息：客户的工作、遇到的挑战、可选的解决方案以及这些解决方案的缺陷。

马特乌斯·施洛瑟（Matthäus Schlosser）是 Takeaway.com 公司的一位产品负责人（product owner），这家公司的产品是网上订餐服务平台。在他们位于阿姆斯特丹的新办公室里，可以俯瞰着以前被称为 IJ 的海湾，他向我分享了他们理解用户方面的经验。

> 我把自己当成一位使用我们平台的汽车司机。我是个骨灰级的车迷。所以我对我的团队说的第一件事就是"伙计们，上我的车吧。" 然后我们拿出一个送餐的箱子，穿上带公司 logo 的 T 恤，亲自体验接单送货。如此送货两天后，我们问餐馆老板："您对我们的服务满意吗？您觉得我们应该如何改进服务呢？您喜欢什么样的服务？"我们还会问从这些餐馆点餐的顾客："你们为什么选择我们这个平台网上订餐呢？下单后您等了多长时间呢？您认为这个等待时长可以接受吗？"以及其他各种各样的问题。显然，这样体验服务的日子结束时，我们会得到一个长长的清单列出哪些事情我们想要提高，而且也需要提高。然后我们对自己的客户中心和订单处理团队也做了类似的场景体验。我们会真的坐下来和这些团队一

起工作，给司机分派订单，接听餐馆和司机打来的电话。我们有过这样的对话："哦，这对您来说距离太远了。为什么会这么远呢？"然后司机说："因为路上堵车啊，要花半个小时才能抵达那里。对我来说，开车穿过整个市中心并不划算。你们为什么不能试试找个附近骑车的人去跑这单生意？"这样真实的对话会一来一回地继续下去。

马特乌斯·施洛瑟，Takeaway.com公司产品负责人，荷兰阿姆斯特丹

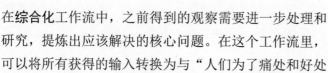

在**综合化**工作流中，之前得到的观察需要进一步处理和研究，提炼出应该解决的核心问题。在这个工作流里，可以将所有获得的输入转换为与"人们为了痛处和好处而想要完成的工作"所相关的描述。用户是如何有意或无意地指出有一个问题需要解决的？哪些问题指出了当前的产品和解决方案对他们而言并不适用？这一工作流中，所揭示的问题可能会印证您在**场景化**工作流中所发现的东西，但随着获得更多新的见解，您也可能会转变一些之前的观念。这一工作流的输出结果应该形成一个用"以人为本"的语言所定义的清晰的问题。

基于您所了解到的人们的感受和挫折、他们有待解决的事情以及需要解决的痛处和好处，在可以开始在**假设化**工作流中研究关于解决方案的设想。为可能的解决方案生成假设，这可能涉及到数十种设计思维技术，如头脑风暴（Brainstorm）、书面头脑风暴（Brainwrite）和最糟糕的设想（Worst Possible Idea）。关于这些工具以及其他设计思维的工具，请使用自己喜欢的搜索引擎来了解更多相关信息。为了解决用户的痛点，您能想到的最激进的方法是什么？解决方案最原始的替代路径是什

么？您希望在这个工作流中与团队一起获得尽可能多的想法，以便有足够多的想法让你们可以从中挑选且聚焦到最佳候选方案，并在接下来的工作流中进一步执行原型设计和测试。

我们可能会处理客户并未明确提出的需求，这在精益创业中通常并未具体提及，但在设计思维中却是一个重要的方面。有时，仅仅通过观察人们他们所处的真实环境，就可能会发现一些他们自己甚至都没有意识到的问题。客户自己并不知道问题的存在，直到一个带有外部视角的设计师发现了这些未被满足的需求，并设计出一个解决方案。但是，只有通过应用同理心识别出这些需求，才有可能为这些未明确提出的需求提出潜在的解决方案。在该工作流中，试图满足客户明确提出的和未明确提出的所有需求，所得到的输出结果是基于假设的种种获益，可以用价值定位轮来展示这些获益的概览。

Typeform 是一家提供数据收集服务的公司，他们的高级产品经理塞巴斯汀·菲力克斯（Sebastien Phlix）以及产品总监米洛斯·拉里克（Miloš Lalić）向我展示了他们位于西班牙巴塞罗那间色彩丰富的办公室，我一边喝着公司内部吧台自制的姜汁麦芽啤酒，一边坐下来，与他们聊一聊他们公司是如何做设计的。

> 我们的设计通常从假设开始，我们将这个假设分享给团队中负责不同职能的所有成员，这个假设也被描述为预期的输出结果。然后，我们围绕着这个假设开展很多事情，比如进行多个 sprint 的设计迭代，使用多种工具来尽早验证轻量级的原型。很明显，设计师也深入参与到这些活动中。这不是只有产品管理部门参与的事情。设计需要整个团队都参与。
>
> SPO 塞巴斯汀·菲力克斯 & PO 洛斯·拉里克，Typeform，西班牙巴塞罗那

在 Typeform 公司，他们告诉我的也是我在欧洲各地在对成功创业型公司和扩张型公司的采访中屡次听到的。设计的目的不是为了定义一个可交付的产品或一组特性。设计的目的是为了对顾客的行为产生影响，让事情变得更好。设计的重点是要产生影响力。所以，这就是您在这个工作流中应当追求的东西：生成关于如何实现特定结果的假设，而且保证整个团队参与这个过程。

在**具象化**工作流中，团队将通过精益实验来创建一些东西，并将其提供给客户。您所创建的，应该是能够验证解决方案是否朝着正确方向发展的最精简的事物。这个实现应该是一个不需要花费太多成本、按比例缩小了规模并且能快速出炉的实物原型。在精益创业的术语中，这被称为"最小可行产品"（MVP）。这个 MVP 必须被视作一个实验性产品，其目标是为了验证学习。

基于设计思考的人通常使用原型这个术语，但实际上，和 MVP 是一回事。也可以说，MVP 是一种特定类型的原型，因为在某种意义上，是让客户与原型交互，然后观察和验证来自假设化工作流中产生的各种假设。打造原型通常从实现低保真度的 MVP 开始，这样能更好地理解问题并在解决方案的空间里进行探索，如此这般才能检查问题对用户的重要性，并了解哪种类型的解决方案最好。低保真度的原型可以做成很简单的形式，诸如在线视频或登陆页面，用尽可能精简的方式来测试客户是否愿意为您所实现的价值买单。通常在业务生命周期的考察阶段（2）和形成阶段（3）创建这种原型，以验证问题-解决方案的匹配度。

随着时间的推移，低保真度的 MVP 可以逐渐演进成为高保真度的 MVP 并转化为开发中的试用产品，新潮的消费者和早期拥护者用户群体会愿意抢先尝鲜这样的产品，这样一来，我们就能检验产品的价值、定价、营销策略和宣传渠道，并验证用户激活、用户留存和增长营销方法的相关假设。

只要还没有找到合适的产品/市场契合度，并且仍然处于业务生命周期的验证阶段（4），就可以继续使用 MVP 作为高保真度的原型。

敏感化是创新漩涡中的第 6 个工作流。在向用户提供一个或多个原型之后，必须收集这些原型有效性相关的数据。必须以这样一种方式来设置系统，即让团队对用户正在做的任何事情都变得敏感起来。可以考虑采用用户访谈、用户监控、用户分析以及其他各种增长黑客（Growth Hacking）等技术。这里需要关注的
重点是，从自己拥有的各种原型中选择最易用、最可行和最有效的想法。

系统化工作流决定如何处理所学到的内容。在仔细观察使用原型的用户之后，应该有足够的信息来查看这些结果如何能适应更广阔的用例场景。我们的解决方案是否按预期工作？是否需要进一步的改进？根据您现在所了解的内容，您能决定下一步关注点应该放入创新漩涡的哪个工作流中吗？也许您的关注点会回到
最开始的地方，回去继续加强"场景化"和"共情化"，因为创新漩涡本身就应该是一个迭代开发的模型。或者，您可能已经有足够的数据和团队一起召开一个关于"转向、修正还是坚守"的战略会议，并得出关于您的业务模式的一些重要结论（这部分将在后面讨论）。

在聊完设计之后，Typeform 公司的朋友还告诉我他们如何使用非迭代的方法来进行创新和遭遇失败的。（当然，之后他们从失败中重新振作起来了）

> 我们有一个很重要的重设计项目，它没有采用迭代开发，虽然事后我们发现它确实应该采用迭代的方式。其实，就我们最初的愿景和设定的大方向而言，其中许多事情一开始是正确的，但是我们没有以迭代的方式来执行这个项目。我们有太多的事情想要同时完

成，这在当时看起来似乎是高效的，但事情发展并不像我们预期的那样顺利。这中间有许多交接和发布都姗姗来迟，然后，我们才注意到，"哦，不，这样做实际上根本不行。"在某种程度上，几乎整个公司都参与了这个重设计项目，这实打实地花了我们两年的时间。这真的与我们想要的做事的方式截然相反。现在回过头看，我们发现，如果我们进行了迭代开发，一些设计决策可能会变得更好。我们的确不应该试图一次性解决所有问题。我们本可以只聚焦于那些最紧迫的问题，修复它们，迭代，如此不断重复。但还是得说，我们最初的想法还是很不错的。我们只是在进行创新时让自己被这种非迭代的方法所迷惑了，这种方法在我们开始时似乎是高效的，但最终却让我们为了走出泥潭而花费了大量的精力。

SPO 塞巴斯汀·菲力克斯和 PO 米洛斯·拉里克，Typeform，西班牙巴塞罗那

设计思维和精益创业都坚持用迭代的方法进行创新，二者都不推荐总是以线性的方式来执行其中的步骤。也即是说，您可以在任何时刻跳转至任何步骤展开工作。设计思维的重点更多侧重于对用户应用同理心，而精益创业的重点更多侧重于验证假设。对于真正的创新过程，所有的步骤都是相关的。不同的步骤可以理解为团队的不同运行模式。的确，这些步骤之间通常是有前后顺序的，但是在这 7 个步骤中回溯和跳过某个步骤也是可行的。因此，更喜欢把创新过程可视化为一个漩涡图形而不是串行执行的一系列步骤。

这个创新漩涡不是我发明的。我只是通过把设计思维和精益创业方法结合起来才发现了这个漩涡。实际工作会发生在其中所有的工作流中；这些工作流在一起旋转，在这个漩涡中间，您会找到创新、和平、安宁、一杯清茶和一块柠檬酥皮派。请慢慢享用吧。

如果目标是真正的创新，希望在演示中向用户或投资者展现一个让人惊艳的产品，那么您的团队需要穿越这个 Shiftup 创新漩涡中的所有工作流。

相关说明、文章、书籍、案例以及下载资源，可以访问 https://startup-scaleup-screwup.com/product-vision。

终极实验

通过精益实验来验证假设，从而对业务/市场匹配度做出转向、修正或坚守的调整

我们已经为这个创业项目忙碌了半年多，但团队仍然没有达到预期的产品/市场契合度。这让我感到焦虑。我们到底还要多久才能有一个可行的业务？为什么我们的孩子就不能快点长大呢？

作为创始人、企业家或内部创业者，要达到合适的产品/市场契合度之后达到合适的业务/市场匹配度，需要把业务愿景变成商业拼布中每一部分的假设，然后再开始实验和验证。这种探索是业务生命周期中验证（4）和稳定（5）两个阶段的主要关注点。有合适的受众吗？有正确的关于解决方案的想法吗？产品是否会产生合适的收益？这个产品是解决了用户的痛点还是为他们增加了更多益处？人们真的在使用这款产品吗？这种营收模式是否表现出了它的有效性？要想得到这些问题的正解，可能需要进行多次迭代，并与潜在客户进行多次交互。

创始人通常认为获得资金和人员招聘就是他们所面临的最大挑战。这么想是错误的。几乎所有人都会低估验证商业模式所需要的时间和精力。一些资料表明，创业失败的主要原因是商业模式出现了问题。

对您而言，排名第一的挑战并不是资金，也不是团队。平心而论，它们也很重要，分列挑战榜第二名和第三名。但请记住，排名第一的头号挑战是您的商业模式。如果无法找到适当的产品/市场契合度，再充足的资金和再优秀的团队也于事无补。

您可能会问，通常需要花多长时间才能找到适当的产品/市场契合度呢？Startupbootcamp 这个著名创业加速器的管理合伙人马克·威瑟林可（Marc Wesselink）对此的答案是通常要花三年时间。

> 需要三年时间来建立公司。我通常建议建立一个探险大本营。而且，如果是第一次建立这样的营地，则一般需要三年的时间，这才能打造一个以某种可扩张的方式找到产品/市场契合度的团队。我最开始的前两家创业公司都很成功。但我的第三、第四、第五、第六、第七次创业都失败了，而且都是在三年内失败的。
>
> 马克·威瑟林可，Startupbootcamp 管理合伙人，荷兰阿姆斯特丹

要花三年才能找到产品/市场契合度，虽然马克·威瑟林可（Marc Wesselink）是第一个告诉我这个答案的人，但我在后来的采访中也得到过几次这样的答案。

> 15 个月前，我们团队只有 9 到 10 个人。现在是 50 人。所以，您可以看到我们正在转变成一个规模化的公司。但我们实实在在地花了 3 年 9 个月的时间，精打细算，努力幸存，创始人在那段时间完全没有任何收入。后来，就在突然之间，一切变得豁然开朗。

> 保罗·多尔曼·达拉沃，Gamevy 首席执行官，英国伦敦

这是保罗·多尔曼·达拉沃（Paul Dolman-Darrall）在伦敦发表的观点，他是 Gamevy 公司的 CEO，该公司经营博彩等真实货币游戏。他让我相信，要到达合适的产品/市场的匹配度，三年这个数字可能只是一个平均水平，而不是最长年限。

埃塞尔·冈斯（Esther Gons）是《公司创业》（*The Corporate Startup*）的作者之一，也是 NEXT Amsterdam 公司的创始人/合伙人/投资者，她在阿姆斯特丹加入了我的 Zoom 在线视频访问。

> 我得说，至少要花三年。需要三年来验证自己的营收模式，但人们往往会急于开始规模化而低估了这个阶段要花费的时间。在这最初的三年里，您可能已经为早期的天使用户验证了您的商业模式。已经证实了他们的确喜欢您的产品，并且愿意为您的产品掏钱。但在规模上，仅凭这些早期的天使用户可能还不够。当您开始扩大业务规模时，不得不寻找新的客户群体来更广泛地接触更多的客户。这意味着必须从头开始，让新的受众对您的商业模式进行验

证。这很容易再花上三年的时间。

埃塞尔·冈斯，NEXT公司创始人/合伙人/投资者，荷兰阿姆斯特丹

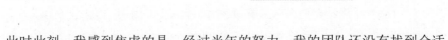

此时此刻，我感到焦虑的是，经过半年的努力，我的团队还没有找到合适的产品/市场契合度。但是，为了写书所进行的采访让我明白如果真的能在这么短的时间内找到合适的产品/市场契合度，那才是一个近乎奇迹的事情。所以，现实一点吧，我们是在进行商业创业，不像种植香蕉那样有可预期的收获季节。显然，更合理的假设是，我们也需要花上三年时间才能看到劳动成果。

在大约三年的时间内（当然，如果能少于三年就太棒了），需要确保商业拼布中的每一部分都准备就绪，并得到了适当的验证。要做到这一点，就需要不断地在创新漩涡中跳跃，进行许多精益实验。对于精益实验，可以通过以下四个简单的步骤来进行准备。

步骤1是识别假设。 必须找出具体是哪些事情将有助于事业成功。这就是所谓的"信念跃迁"假设。这可能是关于市场规模、客户行为改变的意愿以及构建产品的技术可用性等方面的想法。最好使用商业拼布中的每一部分来对这些假设进行分类。您会发现居然有这么多的假设！请把风险最高的假设列在最前面，以便优先对它们进行处理。

步骤2是定义假设。 需要用一种清晰的假设陈述来起草假设，让它们成为可被测试的假设。就像科学家说的，让假设成为可以检验出真伪的事物，然后再看看能否证明自己是错的。如果不知道自己想要什么，就无法对成败进行评估。而且，失败是成功之母，没有

失败，哪能学到经验教训？！

步骤 3 是定义度量。如果不能进行度量，您就不能对它进行管理。所以，确保可以找到方法来度量假设，看是否能被"否定"。通过使假设可以度量，在团队中，就可以从主观和政治性的对话切换到基于客观证据的决策过程。

步骤 4 是识别实验。现在需要商定一些实际行动，将采取这些行动来验证假设并度量结果。试着让实验的规模尽可能小，以求得到最快、最可靠的答案。这样也能确保对失败风险的控制。当实验失败时，最糟糕的一定是在这种情形下您还能让事情继续下去。

请注意，关于这一点，可以学学优秀的科学家是怎么做的，最好的实验是尝试证明自己的假设是错的。很多时候很容易证明自己是"正确"的，确实有许多企业家和内部创业者放任自己的认知性偏见占据上风，只筛选出特别符合自己执念的数据，这会造成一种虚假的安全感。因此，看看您能否证明自己是错误的。

在定义一个关于假设的陈述时，可能需要考虑这样的陈述格式：

> 我们认为【*这个假设是正确的*】。当我们执行【*特定且可重复执行的操作*】并因此得到【*定性和/或定量的反馈*】结果时，我们将确定自己的假设是错误的。

> 例如：

> "我们认为**客户愿意每月为该产品支付 19 欧元**。当我们将 **100 名免费用户引导至付费门槛时**，得到的结果是**只有 20%或更低**

的转化率，此时我们就确定自己的假设是错误的。"

定义精益实验是创新漩涡的**假设化**工作流中需要做的一部分工作。在其他的工作流中，需要确保这些实验是可行的，并对这些活动进行度量，然后对结果进行讨论。您的假设被证明是错误的吗？还需要其他度量指标或更多的精益实验吗？您有足够的信心认为自己是正确的吗？通过像科学家一样进行客观思考，您的进步尺度就会变成我们所说的验证式学习。作为创始人和企业家，您的目标是在最短的时间内尽可能学习更多。

精益实验应该是快速且简单的。虽然这些实验常常因为缺乏严谨性而不能称之为真正的科学测试，但也没有太大关系。因为精益实验的目的是让您对自己的商业模式有足够的信心。也可以将精益实验添加到看板中进行管理，让团队可以实时追踪正在进行的实验。

许多创始人将迭代开发最小可行产品（MVP）视为寻求合适的产品/市场契合度的主要方法。一个低保真度的 MVP 一开始可能只是一个简单的视频或登陆页面，但也能验证客户是否愿意因为一个解决方案（目前还不存在）而去注册。在随后的迭代中，MVP 可以转化为一连串的一次性原型，用完即作废。最终，它可能演进成为一个高保真度的 MVP，成为实际产品的一个简化但有效的版本。每次向客户（通常是一小部分客户）交付一个新的 MVP 版本时，这个 MVP 都会包装一个或多个精益实验，并且从这些客户的反馈中，让业务得以进行一些重要的验证式学习。

但创业者有时会忘记，最基本的最小可行产品通常仅仅是（此处要特别强调）产品。它通常与商业模式的其他部分无关，比如渠道、营收、客户关系或商业拼布的其余部分。但您需要验证所有这些其余部分的相关假设。事实上，对于一些业务来说，产品本身反而可能是其中最简单的一部分。当谈及创建精益实验时，相关的问题永远都是现在应该学习什么最重要的事情是什么？而最重要的事情并不总是需要我们去发布一个新的 MVP版本。

作为精益实验的最后一点，重要的是要理解单独一个实验通常不足以验证（或推翻）一个假设。许多假设一般需要做很多个实验，并且需要系统地安排并执行这些实验。这就像是通常说的要从多个角度看问题。一个单独的观点可能并不足以直接得出结论。

随着不断得到一些实验结果，您需要定期讨论是否在测试假设和验证整个商业模式方面进展顺利。定期召开战略会议很重要，在会议上可以对商业拼布和精益实验的状态进行回顾，并决定是否需要在战略方面进行重大的调整。每次都应该问问自己："是否有证据表明我们当前的战略正在推动我们实现愿景？此时，我们应该转向、修正还是坚守？"

"转向"这个术语是指对业务进行结构性的方向调整。转向是战略上的变化，而不是愿景上的变化。断定自己在验证阶段（4）的产品/市场契合度上或者在稳定阶段（5）的业务/市场匹配度上没有取得任何进展（或没有足够的进展）的时候，就应该考虑转向。这种调整意味着要用一套不同的假设来完全取代商业拼布中的一个或多个部分。这可能是与之前不同的问题陈述、目标客 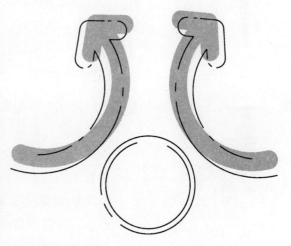 户群体、营收模式，甚至是一个截然不同的解决方案。

可以将转向定义为这样一种实践：由于之前的商业模式有问题，所以需要任何一个组成对一个或多个组件进行替换。如果不对之前商业模式的部分进行彻底改变，就没有真正实现转向。请注意，转向并不意味着从零开始。您只是彻底替换其中的一部分，但通常并不是所有部分。在创业公司生命周期的形成（3）和验证（4）阶段，出现几次这样的转向调整是很常见的。新业务失败的两个常见原因是，没有及时完成转向以及转向执行得很糟糕。

接下来，我想介绍一下"修正"这个术语，它指的是商业拼布上某些部分的一些小变化。换句话说，并不是把任何一个部分彻底去除干净，只是替

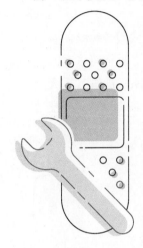

换其中一些个别的假设。之前的那一部分只是不够好而需要一些补补缝缝而已。这种调整可能是需要另外的定价模型（但同时保持营收模型不变）或与之前不同的细分客户群体优先级（但同时保持客户群体的细分的集合不变），或者产品特性的相关显著变化（但实际上没有改变其任何外在效果）。如果您是一位出色的商业领袖，那么这种商业模式的补丁应该出现得非常频繁。因为之前的策略有一部分起作用，而另一部分不起作用。所以，要取其精华去其糟粕，只替换其中不好的部分，保留好的部分。

术语"坚守"则表示，只是按照之前计划的商业模式继续前进。验证了更多的假设，对于事情如期进展越来越有信心。坚守当前的业务战略意味着，继续相信要达到的目标，而且每天都实施必要的微调和更新，坚定地朝着目标迈进。每一天，都有新的想法来构建产品，有新的度量来检查，有新的机会来学习。通过验证越来越多的假设，可以使商业模式越来越逼近合适的产品/市场契合度和业务/市场匹配度。坚守的例子包括深入了解哪些功能被客户所使用，而哪些未被使用；了解哪些文本、颜色和样式在电子邮件宣传活动中会得到最高的客户回应率；弄清楚如何最有效地将免费用户转向付费用户。

针对业务进行转向、修正和坚守的调整，就好比一个人选择搬迁、装修和

正常生活下去一样。搬到另一个地方（转向），对我们大多数人而言，还是鲜有发生的事情。铺上新地板、重新设计厨房或者使用更好的 Wi-Fi 系统来升级装修家居（修正），这样的事情发生得更频繁。继续过好日常生活（坚守），则是我们每天都希望做的事情。

您可能会问，怎么知道自己最终找到了合适的产品/市场契合度呢？一旦真正找到它，您定然会知道的。一些专家说，当"急切的顾客恨不得一把将产品从您手中抢走"或者"您很难让供应跟上需求"的时候，您就找到了合适的产品/市场契合度。还有人说，当"您的产品仅凭人人相传的口碑而在没有市场推广的情况下呈指数级增长"或者"投资者为了取得优先资助您的业务的特权而敲破您的门"时，您就找到了合适的产品/市场契合度。这听起来很有说服力，但这些说法只覆盖了部分事实。我意识到还需要加一些描述。

当评估自己的商业拼布时，首先必须理解产品/市场契合度是业务/市场匹配度的一个子集。业务/市场匹配度至少需要验证您对问题、解决方案、客户群体、独特价值定位、渠道、收益流和成本结构的所有假设。此外可能还会加上一两个其他的类别，这取决于具体的业务类型。本章前面提到的内容似乎只涉及到问题、解决方案和独特价值定位这几个类别。当人们热情地涌向您所打造的业务，有时这并不意味着您就真正找到了一个大市场或一个可持续的营收模式。所以，单凭这几个类别还不够。在着手进行规模化扩张之前，需要让所有相关部分准备就绪，并完成验证。

过早开始扩张是导致创业失败最常见的方式之一。当客户和投资者都在砸钱的时候，创业公司就头脑发热觉得自己已经准备好进入黄金时期了，这种想法是非常危险的。产品/市场的匹配度并不等同于业务/市场的匹配度。对企业家来说，这的确很诱人，一旦资金涌入，就忍不住想把所有钱都花在扩大业务上。当他们没有正确完成商业模式其他部分的验证时，很有可能会出错。

> 在我们这一行，我们有一个神奇的词"产品/市场契合度"，即针对市场打造一款合适的产品。许多公司一上来就雇佣 25 或 30 人，因为他们认为自己有合适的产品/市场契合度，但这完全是胡说八道。然后，他们过早地开始进行规模化扩张。他们完全沉醉于自己的解决方案，但他们并没有真正针对某个特定细分市场的具体问题打造出产品。以我的经验，这是创业过程中最糟糕的事。我的意思是，这不是在创业，而是在胡来。请原谅我说得这么直白。
>
> 马克·威瑟林可，Startupbootcamp 管理合伙人，荷兰阿姆斯特丹

就这样，我完成了对马克·威瑟林可（Marc Wesselink）的采访，他是 Startupbootcamp 的管理合伙人。

虽然验证商业模式是一项艰巨的工作，但请不要担心，您不必同时测试所有内容。最有可能的情形是，先验证价值定位、客户细分、解决方案、营收模式和成本结构这些内容。商业拼布中的这些部分可能是您希望在业务生命周期的验证阶段（4）重点关注的。而您在其他方面的大部分工作，比如渠道和客户关系，可以等到稳定阶段（5）再做，那时也不迟。

尽管有不同的定义，但所有专家似乎都一致认为，扩张业务的先决条件是，先找到合适的产品/市场契合度，然后才是业务/市场匹配度。对我来说，完成这些意味着商业拼布中的各个部分已经被验证且固定下来，不需要任何进一步的转向或修正调整。但也别指望事情会一直保持不变。毕竟市场和竞争对手总是在变化。可能需要审时度势，重新审视哪些已经验证过的假设，以求之前奋斗来的产品/市场契合度继续保持理想的水平，这种

事情宜早不宜迟。不要假设什么都不会改变，然后最终演变成一场意外的、无可挽回的悲剧。

相关说明、文章、书籍、案例以及下载资源，可以访问 https://startup-scaleup-screwup.com/product-vision。

寓言和反思

与团队一起进行敏捷回顾，进行反思并落实改进待办事项

我们成功了！距离最后期限还有两天，我们终于从众筹中筹集到了设定的目标资金。我长长地松了一口气！如果没有达到这一预定数额，整轮众筹活动就会取消并将筹款退还给参与者。这让我不仅怀疑这个目标是否变成了一个自我实现的预言。如果我们把它提高50%，是否也能在预定期限内实现？如果我们将目标设定为100万欧元，人们会为之增加投资吗？我们会为之更加努力工作吗？抛开这些胡思乱想，不管怎样，这一次股权众筹是成功的，我很乐意向同行们推荐这种融资方式。

译者注：本章名"Fables and Reflections"来自著名幻想作家尼尔·盖曼（Neil Gaiman）于1993年出版的同名奇幻漫画，是DC奇幻漫画系列《睡魔》的第六卷。

在这轮成功融资之后，我们找了一个时间与整个团队一起进行反思。当我们团队把反馈和改进建议进行分门别类的归纳时，我看着板子上贴满了五颜六色的便利贴。那张写着"会议太多"的便利贴与"因为会议太多，所以我无法完成工作"的便利贴被归入同一组。我环顾四周，寻找我所期待的另一组便利贴。啊，找到了。"没有足够的交流"和"需要更多的合作"终于在另一个分组内出现了。他们又想少碰面，又想多合作。这就好比又想少放糖，又想多做几块饼干。既想马儿跑得快又想马儿不吃草，想得很美！还有其他便利贴上写着"筹资压力""Trello 展板太多""让每日咖啡会谈变得更有趣"等等。看到这里，我加上了自己的改进建议便利贴，上面写着"下次尝试连续融资。"

敏捷回顾是一种定期召开的团队会议，通常每隔几周召开一次。在会议上，团队成员针对团队协作、正在使用的流程、正在开发的产品以及工作环境分享反馈和改进建议。通常，回顾会议在引导师的帮助下进行，这是大家的共同反思时刻，一起思考如何提高团队效率和怎样才能高效协作。在回顾会议中，针对他们完成的工作和任何已经发生并影响其行为表现的事件，团队成员以相互尊重的方式分享相关的事实和感受，而不是诉诸于相互指责或攻击。

Seven Senders 是德国的一家电商物流公司，他们的 CTO 波里斯·狄波德（Boris Diebold）邀请我某个周五早晨到他们柏林的办公室聊天。那天很暖和，所以我们坐在屋顶的露台上展开了对话。

> 我们的团队可以按照自己的意愿组织工作。然而，我希望他们最起码做一些类似于计划的事情，也希望他们与他们的干系人有一个定期的审查或演示。我也想看到团队学东西。无论他们是每周回顾一次，还是每两周回顾一次，还是每个月回顾一次，我都不在乎。但当我看到团队回顾后没有采取任何付诸于行动的实践时，我就会参与，并积极推动改进。而且，他们如何在团队内部做回顾会

议，例如，是用便利贴粘在墙上，还是用电视屏幕投影，这些不是我能左右的。全靠他们自己组织。当他们需要我的时候，我就充当教练和顾问。

波里斯·狄波德，Seven Senders 公司 CTO，德国柏林

一个团队的所有成员都应该尽可能地参与团队的回顾会议。在大一点儿的公司，回顾会议通常都不邀请管理人员，因为在成员互相之间做反思时，经理的出现可能会阻碍大家自由地发表意见。在开诚布公地讨论绩效问题时，管理人员可能会成为障碍，因为尽管每个人都有良好的意图，但有些人在管理人员在场时往往会选择闭口不言。对于小型的创业团队来说，这并不算什么大问题，但这确实意味着，当我作为管理人员偶尔错过团队回顾会议时，我并不会感到内疚。我希望团队能够自由地探讨问题的根本原因，而有时根本原因说不定就出在我身上。

通常，敏捷回顾会议可以分为八个步骤。在**开场**步骤中，团队可能会找到一个有效的小的仪式。类似于晚餐仪式、锻炼仪式和睡眠仪式，有一个标准的方式来开始（和结束）团队的回顾会议是不无裨益的，因为这有助于让所有参与者进入正确的情绪，并为这个重要的会议调整到正确的心态。

例如，团队可以引入一个签到协议，根据该协议，每个人确认自己到场并承诺在会议期间始终支持信任和透明的原则。您希望团队中的每个人都能感受到有人聆听和理解，您希望人们坦诚地分享各自的忧虑而不会受到责备或惩罚。可以打印一张包含所有团队回顾会议规则的海报，让团队中每个人都在上面签名，或者可以要求每人明确公开地表示自己会遵守团队的行为准则。有一些团队会选择一起念一遍诺曼·科尔恩（Norman L.

Kerth）在《项目回顾》（*Project Retrospectives*）一书中提供的黄金准则：

> "不管我们发现了什么，考虑到当时的已知条件、他/她的个人
> 技术和能力、可用的资源和当场的情形，我们理解并真正相信每个
> 人都已经尽了自己最大的努力。"

怎么开场并不重要。重要的是，他们以某种行为来触发回顾会议的开始
（和结束），让每个人都调整到适当的精神状态。

在回顾的**反思**步骤中，团队会从查看改进展板（如果有
这么一个展板的话）开始。改进展板是一个可选的简单
看板，展示了以前回顾会议中按优先级排序的改进待办
事项列表。团队应该对这些待办事项进行跟踪，看看是
否取得了任何进展。理想的状况是，所有的障碍和其他
问题都得到了妥善的关注和解决。如果不是这样，可能需要重新为这些待
办事项调整优先级。

在**收集**步骤中，团队会收集新的输入。有很多方法可以
做到这一点。针对各样回顾技术的简介，有许多的专门
书籍和网站资源，出乎意料的是，各种回顾技术几乎总
是会用到白板和便利贴。有时，一些技术也需要特定的
游戏卡或其他材料。

在我看来，与回顾会议的开场和结束步骤不一样的是，回顾在收集步骤中
不应该遵循一个标准的仪式。有时候，有些问题只有从特定的角度或侧面
来看才会变得更明显。如果团队每次都采用相同的回顾形式，参与者可能
会不断报告同样的问题，回顾会议可能会因此变得沉闷乏味，在某种程度
上，甚至可能让大家选择不做回顾了。但是，如果团队每次都选择不同的
手段，就更容易让会议保持轻松有趣和引人入胜，并且让团队能够识别出
不同的问题或者从不同的角度去看待相同的问题。

一些最流行的回顾技术会要求团队成员写下一些问题的答案，比如下面这些。

    1. 哪些事情进行得比较顺利？哪些事情可以改进？

    2. 什么让我们觉得愤怒？什么让我们觉得难过？什么让我们觉得高兴？

    3. 我们喜欢什么？我们讨厌什么？我们学到了什么？我们缺少什么？

在这一步，目标是尽量让大家以发散思维来思考。让所有的参与者把各自的想法写上便利贴并把它们贴在墙上，该步骤的目的只是尽可能多地收集信息。大家提出的问题可以是任何主题：做精益实验时的瓶颈、看板的问题、价值定位轮引发的困惑以及其他更多话题。虽然对提出的这些问题进行一些简要解释可能有助于理解，但在会议的这个步骤中，不推荐展开全面讨论，而是将详细讨论推迟到后面的步骤。首先，应该把人们脑子里的所有东西都写出来贴到墙上去。让每个团队成员提交自己的观点、故事、例子和寓言。此时，墙上贴满了花花绿绿的便利贴，每个人都应该清楚自己写的内容有什么含义。

组织步骤是对之前收集到的所有输入进行分类。团队将发现，不同的参与者常常有类似的反馈。可能团队中有一半的人说会议太多了；而另一半则声称没有足够的合作。在这一步中，团队将这些输入归纳整合到类似的主题中并形成更简炼的意见。团队需要把这个
输入分类活动当成一次团队协作的练习，直到在所有问题上达成一致。
（有人可能会这样想，如果可以轻松实现这一点，就可以把关于协作问题的便利贴当场撕掉）

庆祝这个步骤的目的是简略确定哪些事情进展顺利、哪些事情让人们感到高兴或者哪些事情只是值得提名表扬而不需要解决任何问题。在团队展开批判性回顾之前，先罗列出进展顺利的事情，可以让成员为更深

层次的自我反省做好准备，这是一个不错的方法。一些引导师甚至表示，他们会选择把庆祝这个步骤放在整个回顾会议的开头，就在会议开场步骤之后，因为这样可以为会议的其余部分设定一个积极的基调。

在感觉良好的时刻之后，在**学习**步骤中，团队将他们报告的其他问题与改进展板（如果有这么一个展板的话）上的待办事项匹配起来。之前回顾中发现的所有问题，都应该保存在改进待办事项列表中。这次回顾中，有一些问题是新问题吗？这些问题是否会让已经列在清单上的问题引发更多新的思考？这一步骤的关注点是学习和找出重要的事。在执行这个步骤时，团队不应该急于开始定义后续行动，而只是将问题的阻力、障碍和挫折添加到改进待办事项列表中。没有必要为那些尚未确定优先级的问题过早定义后续改进行动。

霍格·汉默尔（Holger Hammel），德国柏林 Onefootball 公司软件工程副总裁，与我分享了他对团队回顾的看法。

> 我们最近召开了一场不错的基于时间轴的回顾会议，目的是看看最近团队结构的调整如何影响我们的团队，哪些事情是好的、哪些是坏的以及这些如何影响团队成员的情绪。我们对此展开了热烈的讨论，这是很有用的。我们真正关注的是从事件中学习经验教训的优秀流程。我们有时会看到一个系统出了故障，接着又出现同样的故障，后一时间所有警铃大响。回顾的目的不只是修复单次的失败，更重要的是如何从所有的失败中进行快速学习。在最近一次会议上，我惊讶地发现，大家的讨论实际上进行得很顺利。每个人都坦率地发表意见。整个团队充满了建设性的良好气氛。

> 霍格·汉默尔，Onefootball 公司软件工程副总裁，德国柏林

我以 Onefootball 办公室里沿着绿色地毯上的白线返回电梯的路上，不由自主地想，大多数组织都无法实现这样一种持续反馈的健康文化，这是多么可悲的一件事啊。

在团队更新了改进待办事项列表之后，在**排序**步骤中，应该让他们讨论下一次回顾会议之前应该着手解决哪些问题。当一些问题在多次回顾会议中反复出现时，是否意味着优先级应该提高？或者，是时候让团队接受这样的事实"某些问题是我们工作生活日常中无法避免的"，所以，可以把它们从列表中删除吗？由团队决定什么值得重点关注，期望什么样的最终状态，并将这些改进代办事项从改进展板中的"等待"队列移到"进行中"队列。

注意，团队不要一次性承担太多的工作。虽然尝试一口气解决许多问题看起来很诱人，但经验表明，大多数团队都无法做到这一点。团队应该适量选择（不超过两三个）问题。在下一次回顾会议中，如果大家发现 20 个计划中的改进事项（几乎）一个都没有完成，会让人士气低落。因此，只挑选少数改进待办事项，把它们转化为行动任务，并让一些参与者领取任务，负责完成它们。

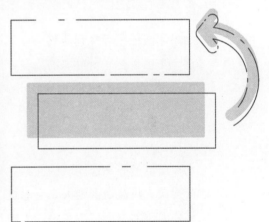

最后，团队可以用饶有趣味和激励人心的方式来**结束**回顾。和开场步骤类似，团队可以把结束步骤变成一种仪式，明确指明这次回顾会议已经结束，然后每个人都应该把注意力转回实际工作和解决问题上。例如，用手势 5 分投票法（就像我的团队在每日咖啡会

谈结束时所做的那样），团队成员可以根据其有效性级别（这次会议有多有用）和参与性级别（这次会议有多愉快）来评价该次回顾。

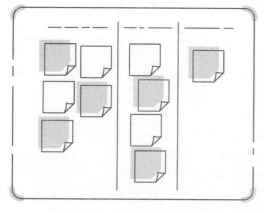

敏捷回顾是一种需要引导技术的会议。引导师要确保所有的参与者都有人倾听，并确保团结协作规则在会议期间得到适当的遵守。引导师还可以承担会议的后勤工作，探索新的回顾技术，并选择最适合团队当前需求的工具。如果没有专门的引导师，团队可能会面临这样的风险：每个人都忙得无暇认真参与这样的回顾会议，或者甚至有可能彻底忘记召开回顾会议。

如果团队还没奢侈到能聘请外部引导师，那么在团队中选一名成员来担任这个角色也是完全可取的。也许团队成员可以轮流担任这个角色。这还有可能增加参与者的新奇感和参与感，因为组织回顾会议的风格和偏好会因引导师的不同而各异。

敏捷回顾是团队的全员会议。考虑到这种会议是以人时为计算单位的成本，所以最好确保团队的回顾做足了准备并得到顺利执行，这样才能从中获得最大收益，否则大家会对这个实践产生怀疑甚至放弃执行，让您错失重要的驱动力，这本来可以大力帮助您对业务进行持续改进。如果在某些极其繁忙的时期，您觉得自己无法出钱组织专门的回顾会议，我建议取个巧，在一些常规会议中加入一些回顾性问题。

开发钓鱼 app 的 Fishbrain 公司首席技术官瑞卡德·斯文登马克（Rickard Svedenmark）和他在瑞典斯德哥尔摩的团队正是这样做的。

  在我所有的会议中，我总是以这样一个问题结束："下次我们应该做些什么不同的事情才能让我们变得更好？"如果在所有会议上每次都这样收尾，您就不需要每个人都对各种议题进行投票。不需要做得多么科学客观，也不需要召开所有的回顾会议。只要提出这个问题，听取第一个答案，当所有人都同意并说"嗯，这可能是个好主意"时，您很快就会找到一个不错的地方开始改进。

瑞卡德·斯文登马克，Fishbrain 公司首席技术官，瑞典斯德哥尔摩

相关说明、文章、书籍、案例以及下载资源，可以访问 https://startup-scaleup-screwup.com/product-vision。

北境之王

使用北极星度量指标并辅之以支撑指标和检查指标，来校准业务方向

我不开心。

我在日本休了两周假，回来后发现团队在我离开前指定的高优先领域几乎没有取得任何进展。相反，他们对其他内容倒是下了一番功夫，但我认为这些内容与我指定的领域没有什么相关性。这既怪我自己，也怪他们。因为我之前并没有很好地传达我要想要的目标，而且我不理解他们对此做出

译者注：本章名"Rings of the North"来自乔治·R. R. 马丁（R. R. Martin）的奇幻巨作《冰与火之歌》。

的解释。我预见到，在我们的下一次敏捷回顾会议中，还会出现另一张便利贴"加强沟通"。

最重要的是，还没有任何迹象表明客户很想使用我们的产品。我们的产品没有游戏趣味，不能激发用户的本能渴望。一点趣味也没有。幸运的是，股权众筹活动的资金终于到位了。我在东京的酒店远程完成了法律相关流程，我们的现金储备总算是得到了补给。谢天谢地！因为有了财政上的支持，我们真切地感受到众人相信我们能够解决这个问题，同时也强烈感受到我们要承担的责任。

因此，我们决定在商业模式中做个修正。这不是一个转向，因为在这个业务中，没有什么彻底的变化。我们没有替换掉商业拼布中的任何一块。但我们也不想装作什么事都没有发生而继续坚守下去。显然，此时产品需要一个重要的修正。我们的价值定位轮中似乎缺少一个重要的部分。我们先产生一些想法，然后一起讨论可选项，并在一个新的领域开始了一些精益实验。我们感到兴奋激动。我们又恢复了原来专注的精神面貌。

缺乏专注是新业务失败的另一个主要原因。如果不把所有的注意力集中于最重要的事情上，创业很容易失败。商业拼布中有一块叫"关键指标"。这意味着作为团队，应该就如何衡量团队成就达成一致意见。作为创始

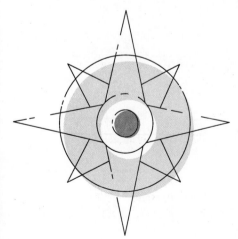

人、企业家或企业内部创新者，您必须非常清楚自己要做什么、下一个里程碑应该是什么以及如何衡量进展，这些至关重要。可能会有投资者在背后盯着您。请务必找出什么是最重要的，然后衡量您在这个方向上所取得的进展！

宇宙中有 1000 亿颗恒星，而您的团队可能会做 1000 亿件错误的事情。我猜我的团队所知道的错误比这个数量还要多。北极星指标（North Star Metric），有时也为"唯一关键指标"

（OMTM，One Metric That Matters），就像它的名字一样，为人们指明方向的北极星，是一种帮助指引团队朝正确方向前进的重要度量指标。周围有这么多数据，团队成员很容易被各种数字淹没并把关注点放在错误的数据上。他们可能并没有为了业务的长期健康成长而奋斗，却因为试图优化一些短期增长指标而白白分散了精力。这就是为什么专注于一个单一目标比其他任何事情都重要的原因。

精心定义的北极星指标会让跨功能团队一起朝着一个共同的目标前进。这个重要目标对于每个人而言，都应该易于理解，并有助于团队在进行精益实验、产品待办事项、产品路线图和内容日历等工作时做出决策。

好的北极星指标并不偏重于对工作量进行度量，而是关注于推动团队为用户和客户提供最大的价值。例如，假设一个快乐的用户会消费更多内容，所以团队目前正在测量和优化每人每周浏览了多少内容。这是实践中一个非常重要的方面，但经常被忽视，所以这里要多说几遍。北极星指标应该捕捉并表征对用户和客户的价值。如果选择专注于这样的度量指标，就能够更容易取得业务上的成功。

最佳的度量标准取决于产品或服务的具体类型和性质。不要落入陷阱，从博客文章和其他公司直接复制那些虚荣的指标，那些度量的目的只是吹嘘成就和打击人们的自尊心。例如，获客总数（Total Users Acquired）就是一个糟糕的北极星指标，因为用户基数的大小只是让您感觉良好，但并不会取悦用户。"日活"（每日活跃用户数，Number of Daily Active Users）是一个可推敲的候选指标，因为它可能只会推动团队去寻找更多的新用户，而不是去努力提高业务对当前用户的价值。月常续性收入（Monthly Recurring Revenue）也是一个糟糕的北极星指标，因为没有一群客户会说："哇，我们每个月付给您这么多钱，感觉真好！"除非您的业务是在开创一个新的教派。

要检验是否有一个合适的北极星指标并不难。该度量指标是否与客户实际参与解决方案密切相关？当数字上升时，是因为人们认同产品对他们的价值吗？问问自己这个指标是否与**用户**说出"哇，这个产品真棒！"这样的评价息息相关？相反，如果这个指标只与**投资者**说出"哇，这个业务太棒了！"这样的评价息息相关，则说明北极星找错了。

优秀的北极星指标通常分为三类：产品能引起多少人的**关注**？例如，Spotify 和 Rovio 使用**每月每位用户的娱乐活动时长**作为该指标；能产生的**交易规模**？例如，Takeaway 和 Zalando 使用**每位顾客的总订单规模**；能为用户产生的**生产力**数量？例如，TransferWise 和 Taxify 使用**每月每位客户的换车或搭乘次数**。

那是一个阳光明媚的日子，我来到巴黎一家用户体验分析提供商。他们整个团队一起参与访谈，这让我惊讶不已。后来，在我的录音中，很难确定具体是谁在我们热火朝天的讨论中说了什么，但他们的确分享了一些非常睿智的见解。

> 对客户来说，重要的是我们如何降低其用户在平台上所花的时间。因为我们的目标是减少寻找信息所花的精力，这可能与其他人的直觉性想法恰好相反。很多人会说："我想增加用户在平台上的时间。"但我们不这么想。我们希望减少这种情况，因为如果我们成功减少了用户在平台上停留的时间，并增加了他们访问平台的次数，这就意味着他们能够花更少的精力找到更多他们想要的东西。

我发现，区分**结果**指标和**行动**指标很有用。结果指标就像团队的记分牌。表明这场比赛是赢还是输。动作指标类似于比赛中的场地位置、步数、跳跃、传球和违规，是你们作为一个团队在比赛中所做出的行为，希望这些努力能够提高分数。行动指标完全在团队的**控制范围**之内。结果指标却不在控制范围内，但是在您的**影响范围**内。这就是为什么有些人谈论输入指标与输出指标，或者领先指标与落后指标。但我认为最基本的区别是行动与结果（参见图 12.1）。

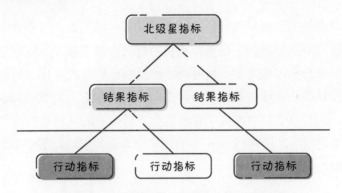

图 12.1　北极星指标、结果指标和行动指标

最好的北极星指标是结果导向的。关注的是团队取得的成果以及他们对客户的影响。问题是，您不能只关注结果度量，因为它们太广泛、太遥远而且不可直接操控。行动转化为结果是需要时间的。等到看到结果的时候，可能已经来不及做任何改变了。的确，只有最后的分数才是唯一关键指标（OMTM），但要达到这个目标，需要在许多能推进性指标上（Many Metrics That Move You）达成一致。

更具有挑战的是，结果取决于其作用范围。比如，您可能在当前的比赛中取得了胜利，但可能在下一场比赛中失利。短期内的多个小结果会影响长期内的几个大结果。事实上，有些事情现在就可以直接进行控制（即行动），其余的都是各种短期和长期所影响的结果。

必须与团队一起决定北极星指标的作用范围。会对每周或每月创造的价值进行跟踪吗？为一个还是同时为几个客户精益角色追踪客户价值？度量是专注于价值定位轮的一个方面，还是覆盖其所有部分？所以，您所决定的作用范围可以有很多种选择，而且，定期更新北极星指标也未尝不可。事实上，在业务生命周期的不同阶段，北极星指标的更新必然会发生。就像我的团队一样，您的团队可能会在验证阶段（4）多次更换北极星指标，因为您正处于探索之中。进入加速阶段（6）之后，关注的指标肯定会再次改变。

假设能够顺利地为北极星指标达成一致，此时可能还想在一个较小的作用范围里选择几个支撑指标，以求在正确的前进方向上显示一些早期结果。毕竟，北极星指标可能需要一段时间才能反映出积极的变化。例如，在一场球赛中控球率和进球数是比赛最终得分的支撑指标。对 Zalando 这样的公司来说，相对他们只有在每笔订单之后才会改变的北极星指标**"每位顾客的总订单规模"**，用户在 app 中的浏览行为和他们购物车中的商品总价值就是支撑性指标。

检测支撑北极星指标的额外一些指标的目的是，在事情没有如期进展时尽早做出调整。这也正是足球教练在比赛中所做的，根据实时的比分替换球员上场。如果不选择额外一些指标，只专注于北极星指标，您也会发现，当您扩大作用范围望向更广阔的视野时，您的北极星指标本身可以成为另一个更宏远的北极星指标的支撑指标。

巴黎之行的三天后，我去了爱尔兰的都柏林。当时，整个欧洲都处于热浪之中，就像欧洲大陆的许多其他地区一样，都柏林这个城市经历了有记录以来最热、最干燥的夏天。Intercom 公司的内容总监约翰·柯林斯（John Collins）与我探讨了指标这个话题。

> 总的来说，我认为我们比较多疑，并不总是能轻易接受那些被人们普遍接受的常识。有时，在创业的世界里，有太多的人在寻找简单的答案和容易成功的公式。寻找北极星指标时也这样。是否只有一个度量指标可以指引整个公司的发展？我认为，在不同的时期有不同的关键度量指标。也许是用户参与度并没有达到预期程度，人们并没有像您希望的那样积极使用产品，很明显，此时就需要关注这些指标。也许新用户数量增长变缓了。那么，此时需要考虑如

何填补潜在机会漏斗并使之转化为真正的客户。所以，在不同的时期这个关键度量指标是不同的。作为人类，我们都希望能够一劳永逸地说："只做这一件事情就好了，而且这件事做起来很容易。"但现实生活远比这更混乱和复杂。我们对这些事情不应该过于古板僵化。

约翰·柯林斯，Intercom 公司内容总监，爱尔兰都柏林

约翰·柯林斯（John Collins）确实是说到点子上了。没有完美的工具，也没有灵丹妙药。就像英国人会说圣杯并不存在（传说喝了耶稣用过的圣杯里的水就可以长生不老），虽然在欧洲，我们最近已经很少关注英国人的观点了[①]。当您把全部注意力都放在一件事情上时，可能会忽略其他事情。当一些指标上升时，其他指标有可能会迅速下跌。请确保北极星指标和业务其余所有部分的脉动牢牢地绑定在一起。为此，可能需要一些检查性指标来对其他一些重要的部分进行监测。

例如，对于 Spotify 这样的企业，优化"**每个用户每月的音乐播放时长**"这个指标可能很重要，但这个度量并不能覆盖"员工幸福感"或"公司盈利能力"这两个指标。在复杂的组织中，每件事情都是相互关联的，度量指标之间的权衡总是不可避免。需要设置一些检查性指标来补充北极星指标，以确保创造的价值是可持续发展的。而且，我建议把数据共享给团队中的每个人，让整个团队对所有问题保持密切关注。

Rovio Entertainment 游戏公司位于芬兰埃斯波，在他们的办公室里，风靡全球的游戏形象、五颜六色的愤怒小鸟从不同的角度注视着我们，此时，这家公司的产品总监特姆·哈马莱伦（Teemu Hämäläinen）正向我继续讲

---

① 译者注：这是对英国脱欧的嘲讽。

述他关于游戏产业的故事。

> 这个行业的可见性和开放性真是令人着迷。在我们公司也是一样。每周都会有一份报告发给每一位员工，其内容是关于我们的游戏并告诉我们这些游戏所取得的成功，这些游戏拥有多少用户，与前一周相比有哪些改进，又有哪些回退，等等。
>
> 特姆·哈马莱伦，Rovio Entertainment 游戏公司产品总监，芬兰埃斯波

在任何特定时期，产品或商业模式中都有一个方面更值得重视，比其他所有方面更需要聚焦，需要更多关注。这就是北极星指标。但是您的北极星指标总是以结果为导向的，所以关于它的信息可能会姗姗来迟。因此要用额外的支撑指标来提供更早的洞察，这样可以更快地对路线进行修正。除此之外，专注于一件最重要的事并不意味着应该停止监测其他的事情。通过跟踪多个检查性指标，您可以更全面地了解业务的健康状况。

将所有这些结合在一起之后，将得到一个在线指标仪表板或一份每周指标度量报告，这些度量对指导业务朝着正确的方向发展至关重要。如果让团队承担起创建和审查每周报告或仪表板的责任，您自己可能会觉得像个国王，能够高枕无忧地享受一个愉快的假期。

相关说明、文章、书籍、案例以及下载资源，可以访问 https://startup-scaleup-screwup.com/product-vision。

熵的探戈

让产品待办事项列表中包含最少可行特性，通过持续维护待办事项列表使实验故事保持更新

市面上恐怕有数百本关于创业和规模化扩张的书籍，而且几乎都是关于美国公司的。我想，我已经听过和读过 20 多次爱彼迎（AirBNB）的创业故事了。这确实是个好故事。简单，引人注目，令人难忘。但没有人写过 Booking.com 的文章，这家旅游电子商务公司是爱彼迎的直接竞争对手，且规模至少是它的 5 倍。为什么没人写他们的创业故事？也许是因为 Booking.com 的总部在阿姆斯特丹，而不是旧金山，所以 Booking.com

译者注：本章名"The Entropy Tango"来自迈克尔·莫柯克（Michael Moorcock）于 1981 年出版的同名科幻小说。

的创业故事不会在硅谷的回音室里回荡，而其他大多数作者往往会在这种地方找到写书的灵感。

因此，我前往阿姆斯特丹，向 Booking.com 的敏捷教练梅兰妮·韦瑟尔斯（Melanie Wessels）学习她的同事是如何工作的。

> 我们希望有混沌状态，只有这样，团队才能有革新，有创造力，有自治权。但我们也想要某种形式的组织，这样可以使团队的革新有边界。因此，我们认为所有团队都需要遵守一些原则。我们称之为"Booking 公司的敏捷精髓"。其中三个重要的事项是敏捷回顾、每日站会和产品待办事项列表。我们认为，每个团队都需要坚持做这三个实践。
>
> 梅兰妮·韦瑟尔斯，Booking.com 公司敏捷教练，荷兰阿姆斯特丹

我很喜欢待办事项列表。我经常针对很多事情列出自己的待办事项。例如，我的一个爱好是跟踪流行的、评分最高的、获奖的科幻小说和奇幻书籍。我喜欢浏览相关的专门网站，去发掘我所不知道的有趣的书，然后记录它们的书名、作者、出版日期和书籍系列。这样的结果是，我有近 4000 本书在我的阅读待办事项列表中。我把这些书目当作日后阅读的可选项或建议。您也可以称之为"我的阅读愿望清单"。这是一个愿望清单，是因为我特别清楚自己根本没法做到购买并读完这个单子上面所有的书。毕竟，我还有许多其他的事情要做。我还有一张单子，上面列出我有生之年想去的 1000 多个地方。我最近还在列一张清单，上面罗列了最疯狂、最浪费时间的各种待办事项。

可以用类似的方式处理所有的待办事项，无论它们是产品待办事项、内容待办事项、改进待办事项还是任何其他未安排的工作项列表。需要强调的

是，它们是**愿望**清单，而不是**任务**清单。在项目管理的相关文献中，产品待办事项列表通常被定义为"产品中需要的特性列表"（即一个任务列表）。但这个定义其实是错误的。待办事项列表是产品中想要的特性列表（即一个愿望列表）。就像食欲总是比胃的容量大一样，我们想要的总是比我们能做到的多。我想要阅读 4000 本书，想要去游览世界上 1000 个地方，但我知道这两件事都不可能发生。我的生活中并没有足够的能力来满足我那永无止境的阅读和旅行欲望。同样，产品待办事项列表上的许多功能也不会被实现，因为较之我们希望实现的部分，我们总是有更多的想法和欲求。产品待办事项列表是一个典型的适合创新漩涡"假设化"工作流的工具，因为这个列表是一个可能值得去实现的想法的集合。

爱沙尼亚塔林，Pipedrive 公司的 CTO 谢尔盖·阿尼金（Sergei Anikin）告诉我，日常工作中，他的团队也依赖于产品待办事项列表和其他 Scrum 实践。

> 我们只是采用了标准的 Scrum 流程，这个流程定义得很棒。我想这里就没有必要花精力去解释 Scrum 是什么了。关于 Scrum，您去找一本相关书籍或者邀请一位敏捷教练，然后每个人或多或少就都知道自己的职责是什么了。一开始，只需要按照流程来实施，关注反馈循环，并让所有需要的角色和实践就位。但如果没有产品负责人和产品待办事项列表，您就无法组建团队。有时人们会说："给您一打工程师，好吧，我们来用 Scrum。"但创始人并没有花精力去真正做些事情来形成一个产品待办事项列表，之后团队也不知道他们该做什么。"
>
> 谢尔盖·阿尼金，Pipedrive 公司 CTO，爱沙尼亚塔林

就像孩子和成年人需要教育一样，创业公司和规模化扩张型的公司都需要

待办事项列表。与 Booking 和 Pipedrive 公司一样，我的团队也有产品待办事项列表。我们用待办事项列表做各种各样的事情，为提高我们的北极星指标添加想法，为价值定位轮盘关联特性，甚至为 iOS 版本（当然是为了以后）添加一些关于 app 的想法。我们之所以保持这样一个愿望清单，是因为所有好的建议如果只存储于我们的大脑中，这会是对我们心智的一种浪费。当我要买一本新书时，我会从我所写的愿望清单中挑选一本，而不会浪费时间去搜肠刮肚地回想之前看到的成千上万条相关建议。与此类似，当选择要列入实施计划的新特性时，我们当然更乐于直接从产品待办事项列表中挑选，而不是去搜刮整个团队脑海中的回忆。

产品待办事项有多种存在形式。有无数的专业工具可以帮助您创建和维护待办事项列表。但是也可以使用十分简单的文档、数据库、墙上的便利贴或文件系统中的索引卡等工具来实现待办事项列表。根据选择的工具，可以根据不同的标准对特性想法进行优先级排序，将特性归类到不同的逻辑分组中，并确保列表中的待办事项有内聚性，且对产品愿景是有意义的。

就在股权众筹成功结束后不久，我们的团队在春日里温暖的巴塞罗那举办了一场团建活动。在这次活动中，我们决定设立一个新的时间期限。之前的众筹活动让我们团队顺利地拧成一股绳，成为一个团结又专注的集体。资金到位之后，暂时没有一个具体的截止日期让我们为之奋斗，让团队工作变得更井井有条。北极星指标可以让我们保持对某些领域的关注。但一个明确的截止日期会让我们保持紧迫感。我们决定，夏天过后，在圣地亚哥举行的 Agile2018 大会将是我们的下一个重要里程碑，我已经受邀在这个大会上发表演讲。于是，我们的圣地亚哥项目诞生了。

为了启动这个圣地亚哥项目，我创建了一个二维电子表格形式的新待办事项列表。表格中的竖列表示我们平台的不同领域（如菜单、用户、实践和指南），而表格中的行则显示了不同的用户行为（如搜索、共享和评分）。通过检查电子表格中的每个单元格，我能够搜寻许多关于特性的想法，如果我们将

按整行或整列的顺序来实现这些想法，就可以得到跨越整个平台具有一致性的一组特性。例如，我们有哪些领域需要支持搜索功能？需要指南功能的所有用户行为又是哪些？我还给电子表格中的每个单元赋予了一个紧急级别（高、中、低）和一个重要级别（1 或 2 点）。虽然这个产品待办事项列表看起来很复杂，但是这个系统实际上很简单。每周，团队根据他们能够完成的特性的多少来打分。通过每周燃烧图，我们可以监测我们所挣点数的趋势曲线，这就向我们展现了以项目截止日期为最终目标的项目进展情况（见第 14 章）。

在产品待办事项列表中，可以将特性相关的想法描述为用户故事。一个用户故事就是**从需要该特性的人**——通常是从用户的**视角**对该特性进行简短的描述。对于每个用户故事，一个聪明的做法是，使用之前介绍的客户精益角色和价值定位轮来处理需要的特性。

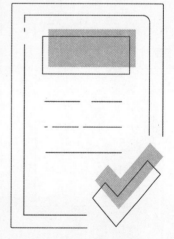

一些专家建议把最小可销售特性（Minimum Marketable Fetaure，MMF）和普通用户故事进行区分。马克·丹尼和简·克莱兰德-黄（Mark Denne 和 Jane Cleland-Huang）将 MMF 定义为具有内在市

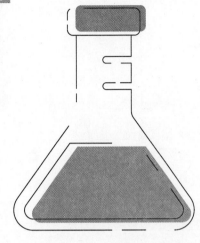

场价值的最小功能单元。通常，对 MMF 的描述聚焦于用户因该特性而获得的益处以及用来检查这些益处是否确实实现的接受标准。可以把 MMF 想象成任何您乐意在博客、新闻通讯稿或（面向那些不到我一半年纪的年轻人）在 Snapchat 或 Instagram 发布的视频中向客户广而告之的特性。当某件事情并不值得这样进行宣传时，它可能是（较大的）MMF 中的一个次要特性。

产品待办事项列表中的另一种类型是精益实验或实验故事（Experiment Story）。精益实验是想要验证的价值假设。把实验从产品待办事项表挪到看板上时，要记住，直到实验的假设得到验证，实验故事才算真正完成。为此，团队将需要使用一些用于验证性学习的工具，例如客户访谈（Customer Interview）或拆分对比测试（Split Test）。

实验和特性加在一起，应该构成产品待办事项列表中大部分的内容。团队通过完成实验来关注学习和"做正确的事情"，通过完成特性来"把事情做正确"并实现生产目标。例如，为产品加一个下载按钮，这只会测试客户是否有兴趣下载一个产品，这是一种实验。对于下载过程的具体实现则是一个特性。

产品待办事项列表中还包含其他类型的工作项：bug 报告、团队请求、改进故事、技术工作、研究探针（research spike）、夸夸卡（kudo card）等等。只要是一个睿智的、自组织的团队在对生产力（通过特性）和学习（通过实验）进行优化，就可以自行决定如何跟踪他们需要处理的所有其他事情。正如我在 TransferWise 和 Taxify 的采访对象所透露的，不同公司的团队以不同的方式开展工作。

TransferWise 是一家国际汇款公司，杰夫·麦克莱兰德（Jeff McClelland）是其塔林公司的员工体验主管。他与我分享了 TransferWise 在很长一段时间内侧重于特性而不是架构开发时所得到的教训。

> 我们已经成立 7 年了，我们一直以产品/客户为中心。我们一直努力在各个方向上快速发展。因此，就产品而言，我们实际上有一个非常简单的产品，但我们一直在努力把业务拓展到许多新的地域。在每个国家，我们都需要找到当地的银行。我们需要与当地监管机构合作。我们还需要和这些银行一起做所有技术工作，而且每家银行都和之前的银行有所不同。这就意味着我们一直在从零开始做很多东西。与此类似的是，我们也已经开始支持更多支付方式，全都是从头开始进行开发。从技术上讲，我们所承受的风险就好比用纸牌搭房子。但我们把所有精力都投入到尽快交付中，以尽快满足客户的需求。但最后，这种工作方式还是反噬了我们。我们现在不得不投入大量的精力来修复我们的遗留代码，把许多东西从庞大的数据库中抽取出来，再放到微服务中。我们当然可以早一点做这些关于架构的事情。但现在必须抽出大量的工程时间，放慢脚步，以一种能支撑我们未来五年发展的方式，为产品打造一个更好的架构基础。我想所有公司都对如何决策而挣扎和纠结：什么时候该加速扩展，什么时候该减速，什么时候该稳定下来。
>
> 杰夫·麦克莱兰德，TransferWise 公司员工体验主管，爱沙尼亚塔林

同一天，我还采访了交通网络公司 Taxify 的瑞娜·茵伯格（Riina Einberg）。从我和她的交谈中，我注意到 Taxify 公司选择了一种略有不同的方法来为他们的产品待办事项进行优先级排序。

一个关键事情是，要尽可能做自动化。不要只是雇一些人来对您已经写过的或者您还没有弄明白的垃圾代码进行覆盖测试。要尽可能多考虑智能化和自动化，因为这能让人保持头脑清醒，也让人保持积极性。就像对处理垃圾不感兴趣一样，人们对处理遗留代码也不会感兴趣。让他们更感兴趣的是创建新的东西和智能的东西，而不是修理东西。我们甚至将客户支持也实现了自动化。我们挑选的人不是只机械地参考手册之类的东西来回答客户问题，我们雇的人总是在想："既然看到现在有客户问的这些问题，我们应该如何改进呢？下一步哪些可以自动化？"这对爱沙尼亚的创业公司来说很常见，尤其是在我们本国人力资源实在有限的情况下。我们不像其他国家的创业公司那样有可能找到成百上千的新员工。我们必须面对这里人力稀缺的现实问题。因此，我们的工作得施展更多巧劲儿。

瑞娜·茵伯格（Riina Einberg），Taxify 公司总经理，爱沙尼亚塔林

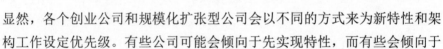

显然，各个创业公司和规模化扩张型公司会以不同的方式来为新特性和架构工作设定优先级。有些公司可能会倾向于先实现特性，而有些会倾向于先实现自动化。最后，一切都需要找到一个平衡点，所有的决策都依赖于具体的环境。

帕特里克·古（Patrick Kua）向我展示了一个类似的待办事项优先级排序挑战，他是我几年前在伦敦一次敏捷会议上认识的朋友。很高兴再次见到他，他在柏林担任移动银行 N26 的 CTO。他告诉我他是如何为产品团队处理业务需求优先级的。

当一个公司成长时，其中每个部门都希望与公司整体同步成长。但在工程领域找到合适的雇员往往比其他行业招人更难。这很容易导致组织把事情搞砸。公司内部会面临很多压力，因为业务部

门的发展速度往往比工程部门快，会有很多人总是向工程师要这样那样的东西。如果产品开发流水线不进行可视化，就会有各种潜在需求来烦扰开发人员，而他们往往会说："好吧，我们会做这个。"或者烦扰基础架构人员，他们也会说："没问题，我来做这个。"然后，在某个时候，他们全都来问我到底应该优先做什么？这些很自然地引发了紧张和压力。在我们公司，我努力确保我们有一个更好的优先级排序流程，我们清楚事情的优先级次序，让人们重新聚焦于最重要的事情。

帕特里克·古，N26公司CTO，德国柏林

当产品待办事项列表其中排满了MMF、用户故事、实验故事以及其他待办事项时，需要一种方法来按优先级排序，以确定接下来要做什么事情。当选择的工具和时间允许时，可以将不同的属性添加到待办事项列表中，例如风险级别、时间紧迫性、商业价值、延期成本和工作规模，等等。通常，可以用公式来查找优先级最高的待办事项，比如用商业价值除以工作规模或者延期成本除以工作规模等公式来做简单的计算。

这样的优先排序计算，就如同我用一个公式去算下一步要读的书，这个选书公式包括书籍的获奖数、平均评分、评论数和出版日期，等等。（虽然还没有这样的公式，但我也可以无聊到发明一个出来）然而，大多数时候，其实是现实需求决定了我接下来要读哪本书。比如，当我旅行时，我需要一本轻便的、方便打包的书。而

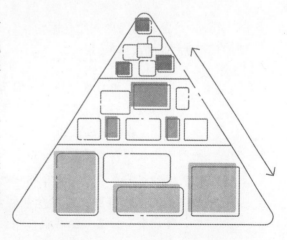

在漫长的夏日和冬夜，我更喜欢长篇的、史诗类的系列丛书。有时，为了追求多样化，我要选的下一本书应该与上一本读过的书有不同的类型。

对于产品待办事项的优先级排序，一般来说，情况和前面选书的原则类似。可以用所有想用的公式计算出一堆结果，但在大多数时候，优先级取决于现实需求，比如下一个里程碑、一个新闻发布会、一轮融资、团队的情绪以及其他各种各样的情况都可能成为决定优先级的指标，帮助选择下一步应该优先考虑哪些特性和实验。

维护产品待办事项列表是对愿望清单给予持续关注的好习惯。更新其中的工作项、刷新信息、根据公式或现实需求来调整优先级，这应该变成一项常规工作。在待办事项列表的顶部，排列的应该是最高优先级的工作事项，它值得花费最多的时间。在将这些最高优先级工作事项挪到团队的看板之前，应该让团队把这些工作事项处理得尽可能小，细节尽可能多且尽可能清楚。从顶部往下看，下面的工作事项优先级越低，工作事项的粒度就越粗，维护频率就越低，且需要的维护工作量也就越小。在待办事项列表的底端，对这些工作事项的维护通常仅仅是对大型的、未完善的想法进行简单分类和堆放，当其中一些"潜"在底端太长时间且一直没有被提升优先级时，就应该就把它们直接删掉。

Rovio 产品总监特姆·哈马莱伦（Teemu Hämäläinen）继续向我讲述他关于游戏产业的故事。

> 除了我们的游戏产品，我们正在发展一项副业类型的工作。为了保持游戏产品的竞争力，我们需要频繁地为玩家用户提供新的东西。这就是我们正在做的项目，为此我们有 15 到 20 个人。作为一个团队，我们需要了解我们在娱乐行业中的竞争对手。我们需要跟进其他公司的产品并了解它们的演讲方向，我们需要跟上这个行业的飞速发展。有时，在一个非常短的时间段里，比如在几个月之内，可能会有一些其他游戏出版商发布的新产品与我们的产品看似

基于相同的规则，但这些产品已经更改了一些基本要素。然后，我们这时就需要问自己："我们能把这些变化放入我们现在正在开发的游戏产品吗？还是放入我们的下一个产品中？"在我们的业务中，需要大量审时度势的适应和非常快的学习速度，这样才能保证我们开发的此类游戏能够正常运营。

特姆·哈马莱伦，Rovio 娱乐公司产品总监，芬兰埃斯波

在 Rovio 的访谈结束后，我在离开的时候，忍不住拍了一张自己和一只巨大的红色愤怒小鸟的合影，这个风靡全球的游戏卡通形象本身就充分证明了这家公司的学习曲线惊人。

产品待办事项列表是一个有生命的动态文档。它会随着产品和使用环境的发展而不断进化。这就是为什么我认为原始的术语**"细化待办事项"**是一个糟糕的定义。一方面，您会为一些工作项添加细节、估算和优先级等信息，这称为"细化"。而另一方面，任何不需要关注的东西都会变得陈旧、老化、过时而成为混乱的"熵"。为了跟上熵的增长，产品待办事项列表越大，需要做的细化就会越多。

维护产品待办事项列表就像是在有序和混乱状态之间一场永不停歇的舞蹈。舞蹈的目的并不是让结果越来越确定，而只是为了跟上不断变化的步伐。当您意识到自己实际上是在进行维护操作时，可能会对那些永远无法完成的特性想法更加挑剔。您甚至可以考虑时不时地清理一下自己的愿望清单，就像我最近对自己 4000 本书的阅读清单做大扫除一样。

相关说明、文章、书籍、案例以及下载资源，可以访问 https://startup-scaleup-screwup.com/product-vision。

燃烧的欢愉

用燃尽图、燃起图或累积流图来关注进展

某个星期一，我查看我们的每周进度指标，发现完成点数从 13 增加到了 28。一周完成 15 点的工作量，这已经相当不错了！要知道，上一周，我们只完成了 4 个点，而上上一周则是 0。我们这个团队终于加快了速度。因此，对于我们要在圣地亚哥的大型活动上展示的产品特性，我的忧虑总算是减轻一点了。

我们采用很简单的方式来衡量完成的工作量。我们有我们的产品待办事项

译者注：本章名 "A Pleasure to Burn" 来自雷·布莱德巴莉（Ray Bradbury）于 2010 年出版的同名科幻短篇小说集。

电子表格，其中许多单元格都标注了代表紧急程度的优先级和代表重要程度的点数。常规特性点数为 1，而最有价值的特性点数为 2。就这么简单。这没有涉及到估算或任何其他比较复杂的东西。对于我们来说，衡量我们朝着圣地亚哥项目（即朝着公开发布产品）方向取得了多大进展，最简单的方法就是查看每周完成的点数。

将每周完成的点数画在一个简单的点的图表上，可以看出虽然我们可能无法完成所有的事情，但看上去我们还是能做到接近于原目标的程度。如果我们能保持每周 15 点的生产速率，我们将在产品发布时完成 150 点，达到我们原本目标的 84%。到目前为止，虽然还不算完美，但已经足够好了，我们不至于为此感到尴尬。就像我在日本之行后学会做的日本小吃什锦烧，马马虎虎，做得还算凑合。

燃烧图是一种工作量与时间的关系图，它分为两种类型。**燃尽图**（Burn-down chart）显示了还剩下多少工作量要做，这意味着图中的曲线呈下降趋势，趋势线通常在横轴上指向最后期限（图 14.1）。**燃起图**（Burn-up chart）则显示已经完成了多少工作，这意味着图中的曲线呈上升趋势，趋势线在纵轴上指向总共能完成的工作量（图 14.2）。

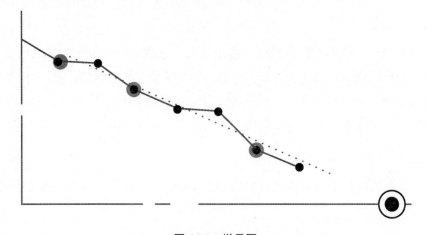

图 14.1　燃尽图

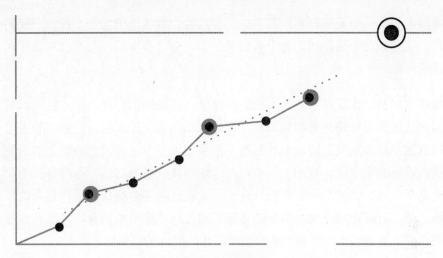

图 14.2　燃起图

Scrum 是一种产品开发活动中用于团队协作的流程框架，Scrum 推广了燃尽图，但也有些团队更喜欢燃起图，因为它可视化了范围变化。在一张燃起图中，范围增加意味着总工作量的水平线上移。当一个开发团队想要可视化他们的工作很难跟上业务不断给他们增加的工作量时，燃起图是更好的选择。这两种版本的燃烧图通常都适合用于创新漩涡中的"敏感化"工作流，因为它们展现了团队正在取得的进展。

使用这两种类型的燃烧图，可以用点数、特性数量、实验数量来度量完成的工作量。有些团队喜欢通过估算用户故事和实验故事的大小或价值来表征工作量，但许多团队并不愿意这么做，他们选择只是简单数出工作项的数量而已。我的团队倾向于在不必进一步估算的情况下，只用两三个区别明显的数值来代表工作项的工作量。这些方法都是可取的。

请尽可能使用简单的方法，因为经验表明，估算通常特别浪费（您的）时间。而且，从估算工作项大小这件事情中，所获得的额外价值其实很少。如果把所有的工作都划分得足够小，就可以直接数一数已经做了多少件事情，还有多少事情要做。这就像一家咖啡馆可以直接数一数已经接待了多少顾客和等待服务的顾客还有多少。在这种计数活动中对每个顾客一视同仁，又有谁会去估计他们每个人想要什么，会付多少钱，是否会和咖啡师搭讪呢？

每周完成的工作量通常也称为团队的**速度**。燃烧图的好处在于，它可以根据前几周的速度趋势来帮助预测几周后可以完成的工作量。这意味着也可以预测在最后期限之前原先计划的工作能完成多少。如果燃烧图上的趋势线显示不能完成原计划的工作量，知道这一点宜早不宜迟。这将有助于及时更新计划。这就是为什么在每日站会、每日咖啡会谈或每周计划会议开始之前，最好定期完成燃烧图的更新。通过一个简单的图表，可以看到每周完成了多少工作、还剩下多少工作以及预期会完成多少工作。

可以用燃烧图来做很多事情，有些甚至远远超出了产品开发的领域。比如我现在可以画一个燃烧图来显示我为完成这本书所做的所有工作。前面的章节提到过，我有一张我们股权众筹活动的燃起图，显示不断上涨的投资者所支付的资金数额。我还可以制作一个燃尽图，展现我们银行账户里的现金，这张古怪的图表看起来会像一个从富士山上咕噜咕噜滚下来的相扑选手。有趣的是，创业公司每月花费的现金量实际上也称为"烧钱率"。当您无论如何都在烧钱的时候，不妨在燃烧图上直观地将它可视化出来！

我们还可以通过添加更多的信息来进一步提高燃烧图的有用性。通常情况下，标准的燃起图上只有一条曲线来表征已完成的工作项。这一条曲线显示了最终状态为"**完成**"的总工作量。而当某件事只完成了一半（或者只写了一半，或只支付了一半，或只花费了一半）的时候，就不能被燃烧图上所显示的进展所计数。因为只有做完的事情才算完成。然而，当工作流中有不同的状态时，可能会使用看板来管理，这时可以在同一个图中通过使用多条曲线来表征各个状态。这时，燃起图就变成我们所说的累积流图（Cumulative Flow Diagram，CFD），如图 14.3 所示。

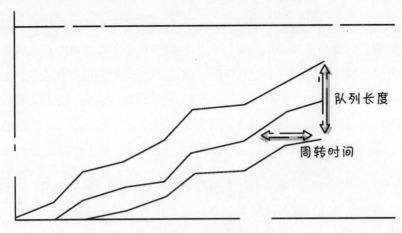

队列长度

周转时间

图 14.3　累积流图

可以根据看板上的工作流轻松创建出 CFD。对于每个状态，数出此时成功到达该状态的工作项总数量（也可以是它们的大小或值的总和）。然后，将它们以堆叠图的形式进行绘制，并用不同的颜色绘制区分各条线。我们之前讨论的燃起图实质上只是一个简单的 CFD 图，因为它只显示两种状态：**计划的工作量**和**完成的工作量**。但是在计划和完成两个状态之间，还可以定义和可视化任意数量的多个状态，从而为您提供关于流水线工作的更细致深入的信息。

还可以从 CFD 图中学到一些更有趣的东西。在任何给定时刻，如果查看两行之间的**垂直距离**，它会显示在该特定阶段正在进行的工作量或队列长度。如果查看两行之间的**水平空间**，就可以得知将一个工作项从一个阶段移动到另一个阶段大概需要多少时间（有时也称为"周转时间"或"操作时间"）。如果查看上下最外侧两条线之间的水平空间，您将看到，从团队承接该工作项那一刻到完成该工作项所花费的时间（通常称为"交付周期"或"战术时间"）。另外，就像其简化的同胞兄弟燃起图一样，CFD 图也向您展示了工作的整个范围，也就是浮在其他曲线之上的那条水平线。

当定期绘制累积流图时，可以从图中看出与团队工作负荷相关的模式和可能的问题。这是一个很好的工具，可以在每日站会、每日咖啡会谈或每周计划会议之前检查 CFD，因为它可以帮助团队反思他们的工作流程。除了范围蔓延的挑战之外，CFD 还可以让您识别出缓慢的进度、瓶颈、较长的周转时间以及其他需要讨论的生产力问题。然而，不要认为 CFD 能解决所有问题。作为一个工具，它只能帮助您更好地了解正在发生的事情。

那么，对于团队而言，最好的工具是什么？燃烧图还是累积流图？只要公司还处于创业模式，保持事情的简单化就是明智之举，就像我一样，计算每周完成的点数，画一条简单的上升或下降的线。这样的燃烧图很容易画出来，而且对每个人来说，理解起来都很容易。但是，当业务加速进入扩展模式的时候，当您花费更多的时间来让流程变得更稳定和专业化的时候，将简单的燃烧图转换成完整的累积流图会是一个明智的做法。累积流图比燃烧图更高级，它会向您展现更多的信息。

那是一个星期四。在芬兰赫尔辛基的一次创业比赛活动中，我采访了几十位创业公司的创始人，询问他们作为企业家和商业领袖的奋斗历程和面临的最大挑战。其中有几个人表示，工作-生活的动荡和业务的起起落落是很难适应的。"如果有一件事值得写进您的书里，" 其中一人说，"那就是，创业生涯的日常充满了变数，您有可能在一天之内经历高潮与低谷的峰回路转。"

我非常喜欢那天发生的这些谈话，我很认同许多创始人的问题和经历，同时也让我觉得一切都还在自己掌控之中。我们在银行里还有很多资金；我的团队在圣地亚哥项目上进展顺利；我写书的进度也还不错；所有的燃烧图看起来都像是陡峭的山坡，那天赫尔辛基的阳光让我感受到前所未有的温暖。也正是那天，团队中一个软件开发人员给我发了一条紧急消息"我们能谈谈吗?"

一个小时后，在我入住的酒店里，团队中工作效率最高的一位成员通过视频电话告诉我，他得到了一个难以拒绝的工作机会。这意味着他将要离开我们团队。那时，我已经预见这件事会对我们的燃烧图产生多么可怕的影响。

相关说明、文章、书籍、案例以及下载资源，可以访问 https://startup-scaleup-screwup.com/product-vision。

招募新人

通过使用招聘漏斗，创始人亲自招聘，再加上一些技能测试和工作
样本，让招聘流程井然有序

好吧，这位员工的离职确实让我的心在滴血。优秀的团队成员因为在其他
地方有更好的工作机会而辞职，从来都不是一件令人愉快的事情。然而，
当时的情况是，我们的团队本来就只有寥寥几人，而且从燃烧图可以看
出，在圣地亚哥项目截止日期之前很难完成我们的大部分工作，所以这真
的是雪上加霜。

译者注：本章名"The New Recruit"来自基尔·威廉姆逊（Jill Williamson）于
2012 年出版的同名谍战悬疑小说

无论发生什么事，都不要惊慌失措。我每年至少这样对自己说 42 次。所以，我当时并没有陷入恐慌。

在下一次的每日咖啡会谈中，我与团队的其他成员讨论了这个令人遗憾的事。他们都感受到了这件事所带来的冲击。我最担心的是，这可能会打击其他一些人的积极性，并因此而引发多米诺骨牌效应，甚至可能让整个团队的成员都跑光。幸运的是，这样的事并没有发生。事实上，一天之后，团队回来对我说："我们讨论过了。我们喜欢这个项目，我们热爱我们的工作，我们享受留在这个团队的时光。所以，我们决定坚持这个目标，在最后期限之前发布一个产品的公开版本。"您看，一名队员离开后所带来的痛苦，反而使得其他队员团结得更加紧密。

我们一起讨论了项目的待办事项列表，重新排列了特性的优先级，并承诺会交付一个仍然可行和可接受的简化版本。我为我们的小公司感到自豪。如果要写一本关于团队文化要求的书或一套幻灯片演讲稿，这绝对是个值得放入书中的故事。

也许在招聘这件事情上，比起别人，我还有那么一点优势。作为一名作家和公众演讲家，经常有人主动问我是否有适合他们的工作。虽然通常我都会说没有，但这意味着招募新的团队成员对我来说，或许比其他人稍微容易那么一点点。尽管如此，我仍然觉得招聘是件难事。我完全理解其他企业家和商业领袖在组建团队或试图填补团队空缺时所面临的困难。

"我们只招最优秀的人"，这是您经常在创业博客和杂志上看到的一句话，但说起来容易做起来难。在芬兰赫尔辛基的创业大赛活动上，在我与其他创始人的交流中，许多人都说组建团队甚至比筹款还要难。他们觉得这是他们所面临的最大的挑战。况且，大多数人之前根本就没有任何招聘经验。

创业公司需要建立一个招聘流程来寻找、吸引和评估候选人，一个简单的事实是，创业公司在招聘方面必须比那些老牌的企业做得更好。这也是可以做到的。传统企业提供给雇员的是不错的薪水、工作福利和一本厚达300页的员工手册。而创业者所能提供的是激动人心的冒险、伟大的团队以及一本有待大家共同写下故事的公司文化书。从我个人的经历中，我知道有许多伟大的人才宁愿放弃金钱和安全感来换取个人的成长和专业人士之间的志同道合。想要打造一个招聘漏斗，需要付出很多精力和奉献精神，这也正是绝大多数创业者几乎都没有花够时间的领域。但是，需要关注 Shiftup 商业拼布上的关键资源那一块，而且您宣传演讲中的团队幻灯片也需要让人印象深刻。因此，作为一名创始人、企业家或商业领袖，最好学会如何做好招聘工作。

提供工业驱动技术和原材料提取解决方案的 Flender 公司，当时他们的办公室刚刚装修好，墙壁还空荡荡的，漆水都才刚刚干。Flender 的创始人兼首席执行官克里斯蒂安·柯克（Kristjan Koik）给我讲起在爱尔兰都柏林这样的热门科技中心招聘时所遇到的种种挑战。

> 埃森哲就在我们隔壁。我估计他们有 2000 人吧。然后是谷歌，大概有 6000 名员工。Facebook 就在我们左边，占据另外一栋巨大的建筑。可以想象，在这样一个地方，一家正在扩张的公司要招聘是多么困难。当人们可以在其他公司享受免费午餐和免费按摩时，为什么还会有人选择到我们这里呢？吸引人加入我们公司的主要原因之一是，他们可以在我们公司更快地学习和成长。和我们在一起，他们有机会做他们在其他公司永远不会涉及的工作。在我们公司，如果是我们 1806 名员工中的一员，将接触到他们通常没法体验的事情。我们的信贷主管就是一个很好的例子。他曾经在爱尔兰最大的银行工作，虽然在我们这里的薪水比他之前的少，而且几乎没有任何福利，因为我们是一个正在进行扩张的公司。虽然他也不是那种万里挑一的人才，但其他所有员工情况都类似。他们选择

加入，是因为他们知道自己可以在这里有所作为。他们能够学到很多东西。

克里斯蒂安·柯克，Flender 公司创始人兼 CEO，爱尔兰都柏林

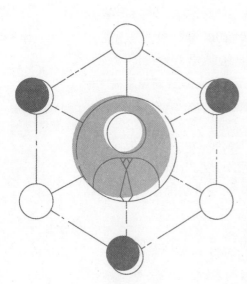

对于创业者，招聘的首要原则是不要把招聘的责任委托给招聘公司或 HR 部门。创业公司的招聘应该全靠自己！我从没听说过有哪家创业公司在创业初期通过使用外部招聘官而取得了巨大的成功。作为一名商业领袖，需要学习如何才能成为一名优秀的招聘人员。优秀的人才是事业的血液，请不要让别人来负责给您"输血"。不要让招聘官、HR 专家或外包公司为您找团队。对您而言，您的事业是自己亲手打造的重要产品。因此，当企业还很年轻的时候，要优先花大量的时间在招聘流程上。有些人甚至建议应该"一直招"（Always Be Hiring，ABH）来做招聘。最好的企业领导是那些明白团队成长和产品开发同等重要的人。

只有当业务进入加速阶段（6），并且已经学会如何管理一个优秀的招聘漏斗时，才能把发掘新人才的任务委派给他人。从这个阶段开始，最好找一个全职的招聘人员，他会帮您把招聘流程发展到更高的层次。虽然外部招聘公司也可以发挥一些作用，但他们的主要专长在于寻找特招（特定工种）非常的合适人选以及寻找一些工种稀有、薪水高的人才。即使处于规模化扩张阶段，我也建议大部分招聘工作，就如同大部分的产品开发工作一样，最好还是在自己公司内部完成。

在波兰克拉科夫，打造网上学习社区的 Brainly 公司，其创始人兼 CEO 米卡尔·波卡沃斯基（Michał Borkowsk）告诉我，即使在规模化扩张阶段，管理者仍然是招聘的最终责任人。

优秀的 HR 可以帮助管理者更好地完成招聘。但 HR 不会在招聘过程中取代管理者。雇佣最优秀的人，这是管理者的本职工作。而 HR 只是提供帮助和支持，但并不是主要责任方。我认为这是公司在进行规模化扩张时所遇到的危险之一，当他们在公司加入 HR 这一职能时，他们经常会因此反而搞砸招聘。因为领导和管理者不再自己想着引入新人。他们认为，从引入 HR 职能那一刻起，应该由 HR 提供所有的候选人。但招聘不是这样做的，因为每个人都可能有多达 500 个不同的工作机会。如今，人才市场的竞争非常激烈，因此，需要脱颖而出并吸引优秀人才目光的，应该是企业的领导者。

米卡尔·波卡沃斯基，Brainly 公司创始人兼 CEO，波兰克拉科夫

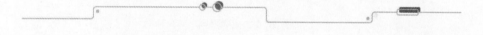

与销售和融资类似，招聘过程也是一个漏斗。招聘漏斗的目标（见图 15.1）是找到许多潜在人选，并尽早识别哪些是高品质的候选人。进入漏斗下一个阶段的人越少，在不合格的候选人身上浪费的时间就越少。这个招聘流程是建文档的第一批重要流程之一。原因是，较之业务中的大多数其他流程，该流程需要更早地成熟起来并变得高效。它通常是在进入业务生命周期的稳定阶段（5）之前就希望能确定下来的流程。无论这个过程是一个简单的谷歌文档还是一个 Excel 电子表格，重要的是团队中的每个人都需要理解它是如何工作的以及如何为物色优秀的候选人做出贡献。

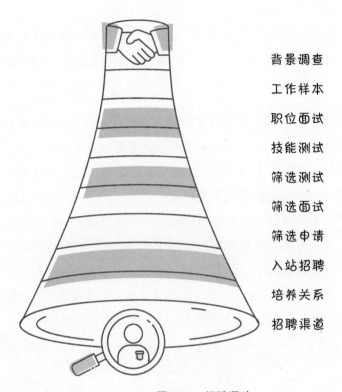

背景调查

工作样本

职位面试

技能测试

筛选测试

筛选面试

筛选申请

入站招聘

培养关系

招聘渠道

图 15.1　招聘漏斗

在这个漏斗中，顶部的步骤是**招聘渠道**，这可能是招聘中最困难的一部分。虽然许多组织都依赖于求职板块和招聘网站上的广告和帖子，但真正杰出的人才通常都不会自己主动去找好工作，因为一般他们手头上已经有一份好工作了。然而，他们中的一些人会愿意考虑换一份更有趣的工作，我能理解这一点，因为我苦恼地发现自己竟然也有这个意愿。这一类人我们称之为"被动候选人"。作为企业家或企业内部创新者，其招聘工作就是找到这些被动的候选人，让他们意识到，为创业事业奋斗可能比他们现在的工作更有意思。幸运的是，还是会有成千上万的被动候选人正等着您招募，并告别那些不幸的老东家。这一步的关键是弄明白应该怎么下手。

被动候选人的最佳来源，无疑是当前团队成员个人社交网络的全部集合。每个人都知道，有些人在现有的岗位上并不是百分百的快乐，他们并没有全身心投入到他们当前的工作中，但可能也并没有采取任何具体措施另谋高就。对于这一类人，只需要主动联系并问他们："嘿，您的工作怎么样？"然后说："跟您讲讲我们现在做的事情。"

> 我们招聘的人才主要来源于我们的朋友以及朋友们的朋友，所以，我们主要使用内部社交网络来进行招聘。我会说，我们公司60%以上的新招聘都来自内部社交网络。
>
> 佩特里·哈皮奥，Reaktor 公司合伙人，芬兰赫尔辛基

提供图形化音乐模块软件的 Reaktor 公司，其合伙人佩特里·哈皮奥（Petri Haapio）与我在他们公司的屋顶平台一面俯瞰着赫尔辛基的风景，一面就招聘这个话题聊着天，他也同意我对招聘渠道的看法。而且，我在其他几次采访中也找到了共鸣。

新候选人的下一个最佳来源是一些互联网上的社交网络和社区网站，如LinkedIn（销售和商务）、Facebook（营销）、GitHub 和 StackOverflow（开发人员）、Behance（设计师）、AngelList 和 Hacker News（创业爱好者）、Reddit 和 Quora（极客和专家）以及其他许多网站。先得搞清楚，您所喜欢的候选人最有可能在网上哪个旮旯闲逛，进入那个空间与最聪明、最活跃的成员开始对话。不要只是向他们发送垃圾邮件！要真诚地和他们聊他们的专业。可能发生哪些最糟糕的事情？是不小心说漏嘴而提到正好一个空缺职位时，他们可能告诉您他们现在已经有一份很好的工作？这又有什么大不了呢？对他们表示祝福，然后再接再厉，去和下一个候选人聊聊吧。

在招聘渠道步骤之后是**培育关系**步骤。使用 Trello 板、Airtable 数据库或更高级的联系人管理系统来追踪您所遇到的所有有趣的人。找到的人都应该进入培育桶。只有当您和您的潜在候选人进行私人的、有意义的对话时，这种培育才会让关系逐渐升温。不要只给他们发宣传促销相关的邮件，也不要只是直白地告诉他们"我想雇用您！"在他们的社交网络更新下面回复，为他们最新的博客或视频添加评论，或者在他们喜欢逛的社区中向他们请教一个问题。真正的拉近关系开始于交谈，而不是大力鼓吹。请务必小心克制地做这件事。虔诚恭敬的追求者和偷偷摸摸的跟踪者之间还是有一个微妙的界限。为了做好这件事，需要每周留出几个小时来做这些活动以培育关系。

一旦被动候选人对您空缺的工作岗位表现出兴趣，并且愿意与您交谈，很有可能需要您在流程一开始时就向他们主动介绍您的业务。记住，这些都是被动的候选人。所以，首先要让他们相信这次跳槽是值得考虑的。请确保内容日历已经安排了一些博客帖子的发布，因为那些感兴趣的候选人在浏览您的网站时往往会先看这些帖子。

下一步是**入站招聘**，也就是在尽可能多的地方寻找对此感兴趣的人。我并不是说在网上到处贴满职位招聘信息。我的意思是，通过对内容日历采取明智的运营策略，那些看到您博客文章、通讯新闻稿或视频的消费者可能会对您的业务产生兴趣。有些人可能想知道得更多。如此一来，可以把那些甚至没有想过辞职的被动候选人，转变成为主动候选人，这些人会意识到您正在做的工作比他们目前的工作更有趣。如果他们和您有同样的热情，说服他们迈出这一步就会容易得多。

在前面的步骤中，您尽了最大的努力将被动候选人转换为主动候选人。一旦这些人表现出对这份工作的兴趣，您会要求他们提供一些他们自己的个人信息，接下来，以下的步骤在大多数公司的招聘流程中都是非常标准化的。我相信您很容易就能识别出这些标准步骤。

在**筛选申请**的步骤中，识别出那些不适合的人是至关重要的。越早拒绝不合格的候选人，在后续的步骤中浪费的时间就越少。例如，您可能希望确保候选人有合适的语言技能，他们知道您的业务是什么类型，他们在申请什么职位，而且他们会在您需要的时候正常入职。根据他们提交的材料，比如简历、求职信或申请视频，您会观察他们是否满足这些条件。

筛选面试可以通过 Zoom、Skype 或其他在线视频会议工具进行，通常持续时间不超过 20 分钟。这是为了确定候选人的基本任职资格，有些东西很难通过单纯阅读或审阅工作申请来进行评估。可以在这一步中确认候选人是否了解在创业公司工作的风险和不确定性，还可以检验他们是否与您的价值观相似。也可以利用这个步骤来评估候选人是否以严肃认真的态度来应聘这家公司，是否提前准备了一些关于职位和招聘流程的好问题。

在继续深入面试之前，我建议让求职者参加一个**技能测试**。给他们一个小任务或一个与工作相关的实际任务，这样就可以很快淘汰那些能够利用自我吹嘘通过前面工作申请和筛选步骤的人。我曾经面试过一些软件开发人员，他们居然从未听说过测试驱动开发或微服务之类的概念，而我认为这些概念对程序员和软件工程师而言是基本概念。我承认，因为前期把控不严造成这样的时间浪费完全是我咎由自取，而您准备怎么花费您的时间也同样请自行负责。为什么要与那些甚至不知道工作基本术语的人进行长时间的面试呢？真心希望到了下一步真正的职位面试时，您已经把候选人范围缩小至那些真正熟悉自己行业有真才实学的求职者，除非您可以接受在工作中对他们进行重新培训。

职位面试的步骤有可能会分为多次连续的面试。如果您提前做好了功课，应该已经准备好了一个招聘记分卡，我将在下一章讨论这个，而且您已经把想要考察的任职资格分为不同的谈话部分。我们的候选人一般会与我的团队进行两场面试：一次是与主管（也就是我），另一次是与其他团队成员（不包括我）。我们的目标是根据事先在招聘记分卡上的定义，在这两个阶段考察不同的任职资格。其他公司可能会组织三场甚至更多次不同的面试，但我认为也不应该过度。收益递减定律表明，每增加一次面试其价值是递减的，但组织面试的成本却每次保持不变。

在最后的面试之前，我建议让候选人现场做一份**工作样本**。这意味着，让他们在几个小时内为您的产品完成一些实际的任务，最好是和一两个另外的团队成员一起工作。真实的工作任务是预测一个人实际工作表现的最佳指标。

出于好意，您可能愿意向候选人支付这几个小时的劳动报酬，但根据我的经验，没有一个候选人会对这一类报酬真的感兴趣。如果他们真的优秀，那么唯一让他们感兴趣的事情就是享受这些实际工作任务，并借此证明他们值得被您的团队招募。其他的事情都是次要的。但您可能还是想付些报酬给他们。

最后，您可能需要通过**背景调查**来结束整个招聘流程。就我个人而言，对于向候选人的前经理和同事询问他们与该候选人共事的经历，我一直心存疑虑。我认为个人表现是一个人和他/她所处的环境共同作用的结果，也就是说，您得到的任何反馈既是关于候选

人本人的信息也是关于候选人前雇主的信息。但确实，我发现，许多比我聪明的商业领袖认为背景调查是招聘流程中的一个重要组成部分。我想，在征得候选人同意的情况下，问他/她前同事几个问题也不会对任何人造成伤害吧。只是别忘了，您听到的每个故事其中都包含人们的多种主观视角和解读。

整个招聘流程都需要仔细把控，可以把招聘渠道的管理工作委托给其他团队成员。作为一名创始人和企业领导者，建议您把大部分时间花在招聘漏斗的开始阶段，亲自与数十名从未听说过您的企业的被动候选人进行交谈。当然，这的确需要大量的工作。但是，一旦建立了一个良好的招聘流程，这对招聘者和候选人双方来说都是一个很好的体验，为寻找新的候选人花些时间，您可能会从中找到乐趣的。

让我再次强调最后一点。永远不要错误地认为，招聘流程只跟您和您的公司相关。在招聘漏斗的每一个阶段，都要确保这个过程对候选人来说也是一个愉悦的经历。即使拒绝他们（或当他们拒绝您），您也希望这些人对您的公司留有好印象。如果他们不适合您（或者您不适合他们），他们可能仍然会推荐一些朋友给您。永远要努力成为一个包容所有人的优秀公司，这里"所有人"包括那些您没有雇佣的人，也包括那些离开您的团队去其他地方的人。谁能预料以后的事呢？如果您一直这么善良，他们以后可能会给您推荐另一个替代者。说不定这样的事真的会发生哦！

相关说明、文章、书籍、案例以及下载资源，可以访问 https://startup-scaleup-screwup.com/product-vision。

谜之分数

使用招聘记分卡来开展人员规划和人才管理，并帮助解决文化契合问题

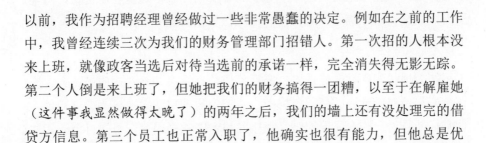

以前，我作为招聘经理曾经做过一些非常愚蠢的决定。例如在之前的工作中，我曾经连续三次为我们的财务管理部门招错人。第一次招的人根本没来上班，就像政客当选后对待当选前的承诺一样，完全消失得无影无踪。第二个人倒是来上班了，但她把我们的财务搞得一团糟，以至于在解雇她（这件事我显然做得太晚了）的两年之后，我们的墙上还有没处理完的借贷方信息。第三个员工也正常入职了，他确实也很有能力，但他总是优

译者注：本章名"The Enigma Score"来自谢利·S. 泰珀（Sheri S. Tepper）于 1989 年出版的同名科幻小说。

先考虑其他项目，导致我们这个项目的资金永远赶不上发展进度。只有随着第四名财务管理人员的到来，团队才找到了财务主心骨，她终于以从容不迫的节奏将我三年以来的管理不善清理干净。

我把自己作为招聘经理的不幸经历归咎于以前我没有什么像样的招聘漏斗、优秀的招聘记分卡和有效的职位面试。我总是雇佣那些**看起来人缘好、有能力**的人。有时候，我很幸运；有时候，我却很倒霉。在现在的创业公司中，我改进了我的方法，因为我已经厌倦了单纯靠碰运气来招人。我决定改善我的招聘流程，我建议您也这么做。只有那些不愿意面对现实并解决问题的人才会死死抱着空想和祈祷不放。

随着每个新成员的加入，团队的质量、能力、信任度和文化都会相应地发生变化。团队规模越小，成员搭配不当的影响越大。年轻的企业之所以失败，一部分主要原因是，没有合适的团队以及团队成员之间的摩擦。您可以通过更好的招聘实践来避免出现这种情况。

招聘记分卡的创建应当基于您对自己团队的愿景。请试着设想一幅理想的图景，您希望自己团队在不远的将来变成什么样，这就是有些人所说的人员规划或人才管理。怎样才算理想的团队构成？您期望团队有哪些技能和习惯？他们应该达到什么目标？思考的结果，应该形成一份任职资格清单，并在面试新候选人的过程中逐一验证。请注意，这些任职资格，可能只有一些会在工作描述中被提及，但应该在招聘记分卡上罗列出所有相关的素质考察项。

为了高效地找到优秀的候选人，需要尽快筛掉许多并不合格的候选人。应该精心设计对候选人的任职资格考察，把您所期望的素质描述得更巧妙，让它们能吸引一些人，但同时又能排除另一些人。因此，每次对个人素质的测评的结果应该将候选人分为截然不同的两组，即在该项考察上是加分还是减分，而大部分的候选人会落入减分行列。例如，在任职资格设立"团队精神"这样的考察项是毫无意义的，因为几乎所有不是一个独立著书的人都希望被被人肯定为具有良好的团队合作意识。因此，用这个来考察候选人并不会把结果分成两组。"极端坦率和透明"会是一个更有效的需求。我知道相当多的候选人不会（甚至不愿）符合这个资格。所以您可以将这个需求转化为一个不错的考察项，以帮助将候选人分为泾渭分明的两种类型。类似，您提出的每一项素质要求都应该帮助您把候选人分成两组，合格的和不合格的，且大多候选人会落在不合格的行列。

招聘经理面临的一个挑战是需要提前计划招聘。即使认为一名员工将在公司继续工作几年，也需要考虑招聘能胜任他当前工作的候选人，**并且为当前岗位考虑未来几年之内的成长和演变**。理想的情况是，您所做的招聘不仅仅只是为了当下，也要着眼于不久的将来。

例如，如果公司已经处于业务验证阶段（5），此时招聘的产品设计师应该具备为不同特性迅速创建不同设计选项的技能，要能够在业务回退到之前决策时轻松恢复过去的设计内容，并且乐意接受这个现实——自己许多设计的存在时间可能不会太长久，因为会不断被要求修改。但是，在稳定阶段（6）招聘的产品设计师，必须能够描绘设计愿景、开发模板和指导方针，并管理其他团队成员，以促进团队能够快速完成越来越多的符合一致性设计的特性。因此，优秀的设计师应该具备什么样的素质，这取决于创业公司或规模化扩张型公司所处的阶段。这个规律同样适用于团队中几乎所有其他职能。

让招聘记分卡及时跟上业务的不断增长和演进并不容易。通常情况下，应该根据人们当前的素质和未来的发展潜力来聘用，让他们能和公司共同成长。同样，有些优秀的人才可能现在**还不该聘用**，因为他们不能在您目前所处的阶段创造价值，而您还没有达到需要他们才能的阶段。

在柏林的 N26 公司，CTO 帕特里克·古（Patrick Kua）继续向我分享了他在公司技术管理方面的见解。

我们必须想出聪明的方法来扩展自己。这是所有创业公司在发展客户基础时都会面临的挑战。如何扩展规模？在很多组织中，尤其是银行，他们会雇佣专门控制流程的人，并雇佣其他人来遵循这些流程。而我们已经在持续交付流水线作业上投入了很多，我们现在有很多自动化的质量检验关卡。如果没有通过这些质量关卡，就不会投入生产。通常在银行里，这样的检验关卡通常依赖于一个人来控制。但是人们都会犯错，所以单纯靠人治并不能保证不出问题。但是，计算机不会在给定的流程中出错。将基础设施都编成程序，这是我们管理所有服务器的方式，这样一切都能得到控制。我们可能会做错事情，但同时我们也可以执行测试，我们可以看到哪些改变有效，哪些没用，然后我们可以在犯错时选择回滚。很多人并没有真正把这种能力纳入自己的考虑，但它确实很重要。如果想扩大规模，就需要在招聘中考虑这一技能。

帕特里克·古，N26 公司 CTO，德国柏林

我们团队的招聘记分卡包含三种类型的素质考察。第一类是**技能**，即专业能力和知识，这些也是人们可以习得的东西，比如英语口语和写作技能，远程工作技能，以及在我们的业务领域的一些实战经验。第二类是**性格**，即个性和态度，这是人们在成长过程中所形成的个人品质，如正直、耐心、坦率和幽默。第三类是**特质**，所有其他可能与工作或团队相关的环境或情境属性，如文化背景、居住地、薪酬要求和每周的工作时段等，都包含在这个类别中。作为管理者，您的工作是设计一个招聘记分卡，包括技能、性格和特质这三个类别，把这些综合在一起就能描绘出一幅理想候选人的肖像，在未来几年内，他/她就是您的企业所处阶段需要的人才。

对于专业技能的要求，随着商业模式的发展，您在这方面的关注点将随着

时间的推移而改变。在创业的早期阶段，从启动阶段（1）到验证阶段
（4），您可能只会与寥寥几个人一起工作，他们需要做所有事情，从用
户体验设计到后端开发，从内容营销到财务管理。这意味着您可能需要具
有广泛技能的多面手作为最早的团队成员。从稳定阶段（5）开始，雇佣
某方面专家的可能性会更大，因为他们会深入研究那些之前只被多面手浅
尝辄止地碰过的各个领域。

在寻找合适的工作候选人时，许多人会
谈及所谓的**文化契合度**，这是一个经常
被误解的术语。对于"融入"最好的解
释是像拼图一样无缝地拼接在一起。但
事实上，拼图每一块碎片都是各不相同
的。但是它们在相互接触的边缘处会遵
循一些共同的规则，这样它们才能连接
起来。而用拼图这些各方面的特性也代
表了在一个相处融洽的团队中所需要的
多元化的技能、性格和其他特质。而拼
图边缘的共同规则代表了文化要求中所
定义的团队的共享价值和信念。所以，
"融入"并不是要找到与当前团队成员
相似的人，而是要找那些与现有成员合得来的人。如何解决这个难题，这
可能是一个谜。

"只招文化契合的人"，这样的常见招聘建议往往是胡说八道。管理者可
能会这样说："我们只想招那些我们下班后想一起喝杯啤酒的人。"
嗯，我曾经也置身于这种同质化文化之中。他们周五下班后都喝啤酒，而
我是唯一一个喝无糖可乐的人。这让我感觉很糟糕。当我不得不翻越堆积
如山的啤酒瓶去拿我的两个小汽水罐时，我觉得自己浑身上下都写着"您
和这个团队不合拍"。

但有些人就是喜欢喝咖啡，不喜欢喝啤酒，还有人喜欢茶或粉红柠檬水。您需要建立一个有各种偏好的团队，其中一些人甚至不愿在下班后喝啤酒或咖啡，因为他们更喜欢呆在家里，和他们的宠物龟在一起。其实，大多数人都能融入（或适应）几乎任何一种文化，只要这些文化重视多元化并尊重人们之间的差异。

多样性和包容性对所有组织来说都是重要的主题，这就是为什么我建议"只招三观一致的人"最好修正为"别招不合群的人"。说直接一些，就是"不要雇佣混蛋"。也就是说，别让一个坏苹果坏掉一筐苹果，别让一块歪曲的拼图碎片毁了整幅画面。我认为那些"无法融入"的人应该是少见的例外情况，而不应该默认大多数人不能融入我们团队。所以，只需要让那些不合群的人离开。对于一个健康的、多元的文化而言，不能融入集体的人应该是少数。

另一个经常听到的说法是"招聘挑态度，培训教技能"。它反映了这样一种观点，即人们的个性特征几乎是不可能改变的，而进入团队后培养他们工作所需的技能则要容易得多，成本也低得多。在业务的早期阶段，这似乎也没有太大问题，因为大多数团队成员在这个阶段都应该是通才，而且只要有一些基础，就不需要在大多数领域具备深入的技能。这时雇佣态度好、性格随和的人显然是个好选择。只有在业务发展的后期阶段，当需要专家时，招聘经理有时才愿意聘用那些拥有深厚专业背景但态度不好的人（这两个特点的确很容易同时存在）。但是，当您只有两个选择时，一个是高技能加上坏态度，一个是低技能加上好态度，奉劝您还是选择后者。

如果把这些都事情组织得很好，就能运用招聘漏斗把每个潜在候选人分配到招聘流程的不同阶段。与客户漏斗不同，在使用招聘漏斗的时候，您并不希望尽可能多的候选人从一个阶段进入到下一个阶段。您只希望那些**优秀**的候选人能够漏到下一层。这就是为什么应该好好管理招聘记分卡的原因，这样您就可以在合适的阶段去测试合适的素质。如果候选人不适合这个岗位，越早发现越好。

例如，作为招聘流程的一部分，我们的团队要求新候选人各自提交一份简短的自录视频，在视频中回答一些关于他们自己的问题。我们还希望他们上传一份书面文件，内容是一篇关于我们产品的短文。我们在这个阶段测试的不仅是英语口语和写作能力，还有他们对我们产品的兴趣和使用在线工具的能力。当候选人很难让别人理解自己意思的时候，当他们不知道自己是在申请什么工作的时候，或者当他们甚至不知道如何上传视频的时候（这种情况时有发生），我们相信我们还是应该把面试时间花在其他候选人身上。

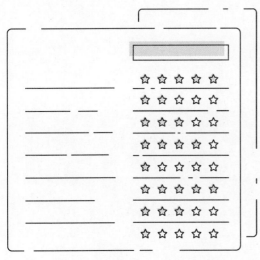

创建招聘记分卡非常简单。可以从一个简单的列表开始，按每个业务阶段要考察的素质分为多行，然后将分数分为几列。您可以使用一系列的值来进行打分，如"特别否定""否定""中立""肯定"和"特别肯定"，或者采用其他您所喜欢的计分方式。不管怎样，确保有一个额外的竖列来记录备注和证据。

如果没有观察到一些事实来支持您的决策，对于任何一种素质考察，不要轻易地给任何一位候选人打出分数。这个基于证据的要求会降低偏见蔓延的可能性。当您把招聘记分卡交给团队里的另一个人时，他们不仅能看到候选人在各项素质考察上的得分，还应该能看到这个分数背后的原因。让多名团队成员对候选人进行面试，并要求他们独立地提供打分结果（带着事实证据！），这样也能显著消除评估中的主观偏见。

如果在早期的管理工作中就开始使用这样的招聘记分卡，我肯定就不会因为团队成员没有入职、表现不好或没有取得任何进展而头痛不已了。至少，我对团队成员如何通过面试会有更深的认识。没有信息，就没有进步。在过去那些失败的招聘中，如果我使用了招聘记分卡，我就有机会去改进招聘流程。也许，改进的还有我自己。

相关说明、文章、书籍、案例以及下载资源，可以访问 https://startup-scaleup-screwup.com/product-vision。

标准英雄行为

将行为学相关提问和测试结合起来使用，学习一种优秀的职位面试方法

10 年前，我曾经发表过一篇名为"软件开发者的 100 个面试问题"的博客文章。我和一个朋友列出了这个单子，希望在面试时作为面试官能对候选人提出更好的问题。我当时在一家软件公司做开发经理，经常做这类面试。事实证明，我并不是唯一一个需要面试问题相关灵感的人。自从我发表这篇文章以来，已经有大约 50 万人浏览过这篇文章，10 年过去了，这篇文章仍然是那个博客上点击率最高的文章。许多来自世界另一端的软件

译者注：本章名"Stanard Hero Behavior"来自约翰·D. 安德森（John D. Anderson）于 2007 年出版的同名奇幻冒险小说。

开发人员告诉我，他们面试时就曾经遇到过我博客帖子中提到的问题，这让我感到既骄傲又难过。

事后看来，我必须承认这些问题设计得不算太好，因为它们都是面向知识的问题。在面试中，准备知识性问题是件很容易的事情，即使是那些并不擅长他们所申请岗位工作的人也能临时抱抱佛脚。这就好比如果有充分准备，我相信我也能在一场关于葡萄酒的知识性测试中拿到高分，虽然我从来不沾任何葡萄酒。人们所说的和所做的是有区别的。基于这个原因，一些人可能想知道，为什么许多公司仍然在传统的职位面试中投入这么多的精力，而大量的研究表明，那些使用标准化问题的面试几乎没有什么预测价值。

请别学那些阅读我博客的招聘经理，我建议您不要用自己最喜欢的搜索引擎来为下一次招聘寻找"最好的面试问题"。人们很容易被一些耳熟能详但其实毫无用处的问题所吸引，比如"一辆卡车能装多少个乒乓球？"要知道，您的候选人很有可能已经读过我的博客文章或其他一些类似热门文章，已经知道会被问哪些问题以及如何回答这些问题。（如果候选人的回答是反问一句"您指美国卡车还是欧洲卡车？"，那么他们应该得到额外加分）

也不要问那些脑筋急转弯智力问答，比如"伦敦每天能卖出多少匹萨？"也别问一些老生常谈的问题，比如"您最大的优点和缺点是什么？" 以及"您对五年后的自己有什么展望？"这些问题通常只会产生愉快的对话和毫无意义的分数。面试的最佳方法是根据行为而不是谈话来评价一个人。有两种方法可以做到这一点：一是询问人们关于他们个人历史的问题，并根据他们过去的表现来对他们进行评价；二是给求职者的行为打分，而不是他们根据您的问题和要求给出的答案。

但首先要做的事情是，需要为职位面试设计一个结构。如果没有面试框架，候选人在面试中可能会花时间讲一些与当前岗位无关的故事却给您留下了深刻的印象。如果没有面试结构，您也很容易让自己的个人偏见而不是事实来操纵评分过程。所以，每次面试应该遵循相同的格式，这样就可以向每个候选人问相同或相似的问题。这里有一个对您显然有所帮助的工具，前面章节提及的招聘记分卡，所以我假定您会为自己的招聘创建一张这样的计分卡。在您的职位面试中，请只聚焦于那些您想要找到证据的素质考察项，然后提出问题或提出要求让候选人给出您需要的信息。

现在让我们把注意力集中在更好的问题上。假如，您想知道一个人是不是一个坦率、诚实、勇于承认错误的人。那么，作为面试官，你最不该问的问题是"您是一个坦率、诚实的人吗？"以及"您能正确处理您的错误吗？"如果这么问，大概率会从候选人那里得到一些肯定的答复。这并不是因为人们在撒谎，而是因为每个人都倾向于相信自己是开放、诚实的，并勇于承认自己的错误。但是，好的意图并不意味着好的行为。

所以，关于这一点，一个更好的提问方式应该是"请给出一个事例，当时您犯了一个很严重的错误，但您选择了向同事和盘托出。当时发生了什么事，之后您做了什么？"这个问题就是我们所说的行为性提问，这是一种比标准化的知识问题更难练习和造假的问题。因为人们需要讲出他们过去所经历的真实故事。除非是金·卡戴珊（Kim

Kardashian）①，否则您的候选人并不会在网上搜索自己所做过的所有事情。

但是，在面试中针对行为性提问弄虚作假仍然是可能的。的确有些人比其他人更擅长讲故事，这也是我在这么多活动和会议上发言的原因之一，您可能会根据他们的即兴表演和讲故事的才能来评价他们，而不是用行为问题来真正评估候选人的期望技能。

使用行为性提问的另一个问题是，过去所取得的成果并不能保证未来的辉煌。候选人在之前工作中的表现也依赖于之前的公司环境以及当时的同事。因此，过去的行为并不能可靠地预测在未来会发生什么，比如这个人即将在您的公司和新的团队成员一起工作，他/她会如何表现。不过，也请不要误会我的意思。行为问题的预测价值仍然优于知识问题和脑筋急转弯。但是，时代变了，公司变了，人也变了。在招聘时，把目光放眼于未来总比着眼于过去更好。

在赫尔辛基阳光明媚的屋顶露台上，佩特里·哈皮奥（Petri Haapio）向我解释了 Reaktor 公司通常是如何进行职位面试的。

> 首先，我们有三轮与不同面试官的面试。第一轮会淘汰大多数候选人。它通常需要花上一到一个半小时，我们的面试官需要对候选人做出一些评估，例如，"如果我在机场，航班晚点了，我需要在机场跟这个人一起呆上六个小时。您对此感到舒服还是不舒服？"我们的第二轮面试很关键。在这轮中，我们需要了解这个人的抱负、技能水平和知识水平等。第二次面试需要花上更长的时间，一般在二到三个小时之间。我们要求一些候选人做一个简单的演讲，主题可能是他们自己想要谈论的话题或面试官认为对评估候

---

① 译者注：作者在讽刺这位明星在网上过度曝光隐私的行为。

选人技能有用的任何话题。第三轮面试基本上只是完成一些既定程序。在这之前我们已经做出了决定，但我们仍然想检查一下双方是否做好了一切准备，比如我们是否相互了解，薪酬福利是多少，等等。

佩特里·哈皮奥，Reaktor 公司合伙人，芬兰赫尔辛基

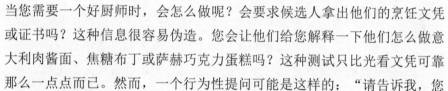

当您需要一个好厨师时，会怎么做呢？会要求候选人拿出他们的烹饪文凭或证书吗？这种信息很容易伪造。您会让他们给您解释一下他们怎么做意大利肉酱面、焦糖布丁或萨赫巧克力蛋糕吗？这种测试只比光看文凭可靠那么一点点而已。然而，一个行为性提问可能是这样的："请告诉我，您最近一次做鸡肉派是怎么做的？您觉得这道菜复杂在哪里？您个人在这个配方之上有什么即兴发挥？" 或者最有效的方法是这样提问："您**现在**能为我们准备一份西班牙海鲜饭吗？您需要的东西厨房里应有尽有。"

在职位面试中，最好的一类问题是行为测试，它验证的是候选人当场实际行为，而不是仅仅去听一个关于过去行为的故事。当您要聘请一位老师时，会请他/她现场教您一些东西。当您想测试一个程序员的技能时，会请他/她现场做一些实际的软件开发。但是，如果希望您的新员工有幽默感，不要直接问候选人"您风趣吗？"或"告诉我您上一次把别人逗笑是什么时候？"别为考察这个素质说任何东西，只需要在面试过程中注

意观察，如果候选人在某个时刻让某位面试官笑起来了，请默默地给他/她在这项素质上打个好分数。通过行为测试来验证期望行为，这是工作表现的首要预测因素。决定一个真心英雄的，不是他们的话语，而是他们的行为。

位于波兰克拉科夫的 Brainly 公司，他们的公关经理加库布·皮维尼克（Jakub Piwnik）对此也有自己的看法。

> 我们招聘流程中最重要的部分是我们称之为演示日的东西。我们会把候选人带到公司里呆上一整天，他们花一整天的时间和团队一起做一个项目，并有机会和他们未来的队友交流。在这期间，他们还会一起吃午饭。这是一个机会，让我们真正看出这是不是我们要招的人，也让我们有机会看看他们是否能适应我们这里的文化。在演示日结束的时候，通常我们会请候选人向团队做一个简短的演示，然后团队会进行公开讨论。所以，投票同意雇佣这个人的团队成员会解释自己的原因，反之亦然。在讨论的最后，会得出一个决定。然后由候选人自己决定是否接受。因为演示日也向候选人提供了一个机会，让他/她决定这家公司是否值得自己做出贡献。

> 加库布·皮维尼克，Brainly 公司公关经理，波兰克拉科夫

对于许多技能，很容易创建相关的行为测试，因为最简单的办法就是让这个人做一些需要这些技能的工作。然而，当涉及到态度、价值观和其他您可能在文化手册中记录的个人品质时，这种测试就变得棘手了。例如，如何测试一个人对自己的错误是否坦诚？如果要进行行为测试，必须确保他们相信自己在面试中犯了一个错误，然后观察他们决定是否要开诚布公地谈及这个错误。

如果是一名出色的招聘经理，会在招聘记分卡上找到所列出的所有关于技能、性格和其他特质的证据。在招聘过程的某些阶段，也需要让团队参与进来，分享和讨论彼此的观点与意见。这还有助于检查是否仅仅考虑了您当时所观察到的候选人行为。如果不能用候选人说过或做过的事情来支撑一个判断，那么这个判断就不应该用于对该候选人的评估。

圣地亚哥大型展会的前几周，是一段既艰难又令人兴奋的日子。果然不出所料，因为一个团队成员的离开，我们的燃烧图显示我们交付的东西比我们预期的少。当时我很担心没有足够好的产品来展示。与此同时，我们也注意到平台的使用情况有所改善。我们在系统中加入的第一个游戏化的暗示已经产生了一些效果，还有其他一些早期的迹象表明这个产品的实际可用性。但我们的队伍需要加强。我们知道向一个延迟的项目添加人员只会使这个项目进一步延期，所以我们同意在圣地亚哥项目的最后期限之后立即雇一个新的团队成员。

在我们的一次敏捷回顾会议中，我们讨论了招聘流程需要改进的问题。之前的招聘流程缓慢，没有结构，带有很多主观偏见，所以，我花了大量的时间改进我们的招聘漏斗，设计出一个新的招聘记分卡，并写了更好的面试问题。

有一位候选人可以在圣地亚哥展会结束之后立即开始为我们工作，当我面试他的时候，我用了这个新方法来测试。他的招聘记分卡上的评价看起来不错，看上去我们手头终于有一个很优秀的候选人了。面试快要结束时，我对他说："您看起来是个不错的候选人，所以我衷心希望您能通过下一轮面试。我这里有一个问题清单，列出了其他团队成员在下次面试时会问您的问题。请不要告诉任何人，但是您想提前偷偷地预览一下这些问题吗？"那位求职者礼貌地拒绝了我这一邀请，于是，我在记分卡的最后一行写下了"强烈的肯定",这一栏的考察项是"这位求职者为人正直。"

相关说明、文章、书籍、案例以及下载资源,可以访问 https://startup-scaleup-screwup.com/product-vision。

最黑暗的路

通过实验、效果和滚动式规划来创建产品路线图，用产品路线图来管理干系人的期望

"什么时候发布 iOS 版本？"

这可能是我们在圣地亚哥举行的 Agile2018 大型活动中展示产品时被问得最频繁的问题。每一次，我们的回答都是"我们将在找到合适的产品/市场契合度之后再开发 iOS 版本。"在前面的章节中，我也说过，只要客户还并未非常频繁地使用我们的产品，向其他平台扩展就没有太大意义。为什

译者注：本章名"The Darkest Road"来自盖伊·加弗里·凯（Guy Gavriel Kay）于 1986 年出版的同名奇幻小说。

么要复制一些还不算好的东西呢？但显然，我们的潜在客户们并不这么看。他们只是想在他们最喜欢的智能手机上尝试使用我们的应用程序，有些人用的是 Android 手机，而有些人用的是 iPhone。

一些从事技术工作的读者可能想知道，为什么我们不使用一个可以同时编译到 Android 和 iOS 平台的技术框架。一个简单又迅速的回答是，作为创业公司，我们最需要的是快速的实验，因此只能在我们最擅长的领域进行快速开发，而我们的团队正好有很棒的 Android 开发人员。只要我们仍然在构建最小可行产品（MVP），且还在验证阶段（4）寻找合适的产品/市场契合度，我们就认为使用那些上手快且灵活的技术是没有任何问题的。技术转向和重建基础是一个稳定阶段（5）应该解决的问题，等我们到了那个阶段，再做这些也不迟。

我们的团队确实也试图预测过什么时候是开始开发 iOS 版本的合适时间。一开始，我们认为会是在今年第二季度。后来我们又改口说会在夏天之后。然后，我们说最早也要到年底。无论我们怎么预测我们的产品开发，事情总是会发生变化。我们的计划比荷兰的天气变化更频繁。

创建产品路线图是一个相对高层级的总结，它描绘了产品向产品愿景演进的过程，是创业公司和规模化公司所面临的难度最高的挑战之一。客户、投资者、董事会成员和员工都想要对公司近期的发展方向有一定的了解。这是一个旅程。人们有权知道他们是否想要成为这个旅程的一部分。最重要的是，创始人希望确保团队正在面向具有最高商业价值的领域展开工作。（相信我，我是在极度痛苦的情况下写出最后这句话的。）

除此之外，组织中的一些干系人也需要产品团队基于日期的承诺或里程碑，以便对相关营销活动、培训计划或客户支持作出准备。而产品开发团队本身也需要规划自己的招聘漏斗，并从其他人那里获得基于日期的承诺。显然，产品路线图是向所有干系人沟通产品计划的重要工具。

在塔林的 Pipedrive 公司，谢尔盖·阿尼金（Sergei Anikin）继续向我讲述他作为公司 CTO 在产品开发方面的经验。

> 我们公司有 400 多名员工，工程部门有超过 180 名工程师，所以对各种想法进行优先排序是件困难的事情，因为想法实在是太多了。如何知道哪些想法才是最重要的？所幸的是，我们几位创始人在现阶段仍然会给出很多相关指示。他们的确比任何人都更了解客户的问题，因为他们设立了最初的产品愿景，随着时间的推移，这个愿景显然会发生改变，因为我们从客户那里获取反馈，而且市场也在不断变化，等等。但只要创始人们的愿景还没有实现，他们的头脑里就还留存着这个最初的产品路线图。有时，我们不得不后退几步，也许还需要重建一些东西。随着时间的推移，因为不断出现的反馈，我们做了大量的重建工作。关键是，这并不是一场特性相关的竞赛。更重要的是对客户而言什么东西真正重要，以及什么阻碍着他们对这个工具的实际充分利用。
>
> *谢尔盖·阿尼金，Pipedrive 公司 CTO，爱沙尼亚塔林*

创始人用他们的产品愿景为产品路线图指明方向是有意义的，但并不是所有的好想法都来自于创始人。柏林 Seven Senders 公司的 CTO 波里斯·狄博德（Boris Diebold）告诉我，他在前东家工作时，曾经为产品路线图在公司内收集过信息。

> 在某个周一的一次公司会议上，我宣布我将进行一次产品战略的相关活动，希望每个人都能提出对于产品的想法，想想我们的产品的未来走向以及为什么。我不仅问了产品人员，还问了整个公司的想法，因为每个人每天都围绕我们的产品忙碌着。我说："嘿，

我需要您的帮助。我整个星期都有空，我将听取你们所有的伟大想法，然后让我们看看如何把这些想法结合在一起，并做出一些新东西。"我给了大家一个模板，好让每个人可以思考几个问题，然后给我带来思考后得到的任何想法。在那一周里我和大约 40 个人谈过话，产生了很多很棒的想法。我在这些想法中发现了一些模式，于是我提取了原型，并与 CEO（他同时也是创始人之一），一起进一步打磨这些想法。然后，我们与一个规模更小、参与度更高的团队深入地讨论了这些细化过的想法，并在这基础上形成了一个清晰的产品愿景。整个流程利用时间盒工具进行了限定，两周内就完成了所有相关工作。我们发现，最好的输入不一定来自产品经理，而是来自那些拥有超棒想法但隐藏在团队中的高手。同时，抛开闭门造车的方式，让每个人都参与到这个流程中来，这种做法在产品愿景敲定之后给团队带来了真正的士气提升。这非常非常有趣。

波里斯·狄博德（Boris Diebold），Seven Senders 公司 CTO，德国柏林

让我们再回到塔林，员工体验主管杰夫·麦克勒兰德（Jeff McClelland）告诉我，TransferWise 公司为产品路线图的规划和重新规划做了大量的工作，而且所有的团队都参与了这项工作。

我们的实践之一是我们的季度计划，这件事安排得紧锣密鼓的。公司有 1200 人，我们每个季度都要重新制定计划。我们这样做，是因为这是我们的一种交流机制。这保证了团队与他们的姐妹团队，即在业务中与其相邻运营的团队，每个季度至少交流一次，讨论接下来的行动计划。所以，在多个团队的成员之间有很多关于计划的反馈意见，他们会尝试就团队之间的一些承诺达成一致。在理想情况下，每个团队都是独立的，但在现实中，我们都知道这是

绝不可能的。没有一个团队是真正独立的，所以他们必须协调彼此的计划。

　　杰夫·麦克勒兰德，TransferWise 公司员工体验主管，爱沙尼亚塔林

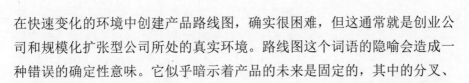

在快速变化的环境中创建产品路线图，确实很困难，但这通常就是创业公司和规模化扩张型公司所处的真实环境。路线图这个词语的隐喻会造成一种错误的确定性意味。它似乎暗示着产品的未来是固定的，其中的分叉、枢纽和出口都是预先知道的，团队只需要朝着它的目标就能取得良好的进展。就像只要在位智（Waze）①app 中输入目的地，打开危险和交通警报，您就可以出发了！但是，现实与此截然不同。

对于一个产品团队，尤其是在业务生命周期的早期阶段，他们的未来是未知的，因为优先级一直在变化，并且有许多未经验证的假设需要测试。带着未经测试的假设在路线图上取得进展，在这个过程中自然会生成一些新的理解，这会导致优先级的改变，从而也会产生新版本的路线图。原计划的产品特性和发布有可能被推迟，甚至彻底取消，这会让干系人失望。这样的后果是声誉和信任受损，而这些都是因为人们只不过做了他们应该做的事情：尝试做一些事情，看看它们是否有效。

对于所有这些问题的解决方案，需要对产品路线图设计进行三个重要的更改，从而生成一个会随着时间轴延伸展现其主要实验和产出的产品路线图。当您把产品路线图视作一个学习和产出的计划，并且对越遥远未来的

---

　　① 译者注：这是全球最大的社区化交通导航应用。2011 年获得凯鹏华盈和维港的第三轮 3000 万美元投资。2013 年以 10.3 亿美元被谷歌收购，其 100 名员工平均收到 120 万美元的奖励。2015 年在以色列特拉维夫推出了拼车服务 RideWith。2016 年 5 月，在加州硅谷地区推出了顺风车功能。2017 年 6 月向整个加州地区推出拼车服务。有一个 7 万多名会员的社区。

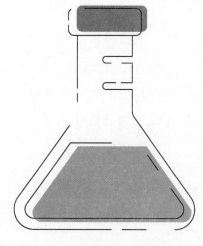

预测越模糊时，可以通过这种方式来显著降低干系人持续不断的失望。

重新设计产品路线图的第一部分是把重点放在实验上。创业公司的主要工作是通过精益实验来确定什么可行，什么不可行。从启动阶段（1）到稳定阶段（5），探索一直都是主要的操作模式。这意味着，当一个创业团队将某个东西放到产品路线图上时，与其添加带有交付日期的特性，不如添加带有学习日期的实验。

我的团队并没有向我们的客户承诺 iOS 版本将会在某个时间点发布，相反，我们最好先弄清楚如何进行跨平台产品开发。只有当我们了解了如何跨越多个设备进行开发的时候，才能预测开发 iOS 版本的产品需要多长时间。换句话说，一个更靠谱的承诺是在特定日期之前对是否进行多平台开发做出决定。类似，建议在路线图上与干系人沟通的所有日期，都应该是计划完成实验并获得重要见解的日期。

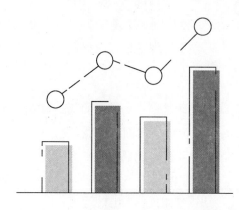

产品路线图重新设计的第二部分，与创业公司的相关性稍弱一些，与规模化扩张型公司更相关，这里需要考虑商业目标和客户利益，而不是单个特性。通过思考什么样的结果会直接转化为北极星指标所表征的进展，这部分聚焦于效果而不是产出。不要直接承诺交付由特性组成的具体解决方案，而是承诺会完成某个特定主题以带来某些好处。

例如，在向干系人沟通诸如"可在 iPhone 上使用的浏览和查看功能"之类的好处时，应该避免承诺使用特定的技术解决方案。越晚沟通特定的解决方案，就会有越多的信息让您可以选择最好的解决方案。有些人将这种方法称为面向目标的路线图。您与干系人沟通的日期将是您计划解决重要问题的日期，并不需要具体说明您要如何实现解决方案。

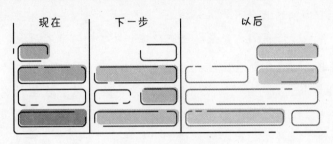

图 18.1　滚动式规划

产品路线图重新设计的第三部分是使用滚动式规划（参见图 18.1），从而帮助您克服优先级不断变化的挑战。将路线图划分为几个阶段，通常分为三个，分别是现在、下一步和以后，也可以称为近期、中期和长期。一般来说，第一阶段为一至四周，第二阶段是一到三个月后，而最后一个阶段覆盖至少三个月以后的一切时间。虽然具体划分的时间框架可能和这里的例子有所不同，但原则是一样的。

将产品路线图划分成三个时间阶段之后，可以赋予这些时间阶段相对模糊的名称，比如现在、下一步和以后，而不是具体的日期和月份，任何人一看都能理解这背后的意思，您对您现在正在做的事情相当肯定，您对下一步会发生什么不是那么确定，而您对以后规划的所有实验和产出非常不确定。

巴黎某用户体验分析公司的团队对我说，对他们而言，大体上，滚动式规划是在外部干系人想要听到的内容和开发团队想要承诺的内容之间的最佳平衡点。

　　我们要求客户一次性签约 24 个月。因此，我们需要在有产品发布承诺和适应变化之间找到适当的平衡，因为我们不能只是要求他们给我们一张空白支票，然后说："对不起，我们没有产品路线图。但我们会给您带来惊喜。您只需要相信我们就好了。"因此，我们确实有一个会向客户分享的三年产品愿景。然后，我们承诺会制定一个详细的三个月产品路线图，还会展示未来一年有兴趣涉足的一些领域，但我们也会强调任何在三个月之外的都不是承诺。

　　这也是让我们销售团队有挫败感的一个话题。只要是三个月时间框架内的想法，情况就还不错，因为他们清楚会发生什么。但是，如果这些想法属于感兴趣的领域，他们并不知道是否需要等三个月、九个月甚至更长时间。但是，如果制定一个为期一年的产品路线图，我们肯定会出错，而且我们只能完成计划的 60%。与此同时，我们的开发人员又总是说，对任何日期的承诺都是糟糕的做法，因为估算就是在浪费时间，而且如果根本没有固定日期作为限制，一切都将变得更敏捷、更自由。但我们毕竟不是生活在一个理想的世界里。我们得开公司经营生意。这就是为什么我们有时会带开发人员去参加客户会议，因为他们必须理解为什么对销售团队和客户来说，就几个交付日期达成一致意见是很重要的。

有了滚动式规划之后，就可以通过一些巧妙的设计选项来强调未来的不确定性程度是递增的，时间越往后，这种不确定性会越高。例如，可以让计划中"以后"阶段的工作项信息保持简约模糊的形式。可以选择只在第一阶段的工作项中添加具体日期和名称，而少添加或不添加其他两个阶段中的相关日期和名称。或者，可以选择只使用产品路线图中一半的可用空间，然后在另一半上写上"尚未探索，有待更新……"这些简单的技巧将进一步强化这样一种观点：在更遥远的将来，所有事情都尚未确定，因此无法对这些事情进行详细说明。

可以使用电子表格、白板或其他简单的可视化工具轻松制作产品路线图。

专注于实验和学习、承诺效果而不是特性以及创建滚动式规划，通过使用这三种技术，可以将人们对特定日期的需求降到最低。在任何面向外部的产品路线图中，尽可能不要包括里程碑和产品发行日期，除非有特别重要的原因必须这样做不可。（比如融资演讲可能是其中一个例外）

对于创业公司来说，其首要目标是验证产品/市场契合度和业务/市场匹配度，这是一个探索阶段，因此不能简单地根据结果来排日期。这就像是在没有地图的情况下在黑暗中行驶于未知的道路上。对于规模化扩张性公司，因为您已经完成业务有效性的验证，所以首要目标是争取和挽留客户，您已经从探索和学习转向执行和产出。但您的商业环境永远不太可能变得稳定和可预测。许下的承诺越少，之后不得已违背的就越少。作为创始人，没有必要成为朝令夕改的政客。

产品路线图制定得越简单，就越不会因为干系人认知而深陷泥潭，也不需要在以后花力气拨乱反正。请试着用产品路线图来讲一个故事，说明自己计划如何使当前的产品朝着产品愿景演进。请对干系人说："这是我们认为我们将要走的路。但情况可能会改变。"任何不能支撑这个故事的工作，都不应包含在产品路线图里。

如果还不能就着产品路线图讲出一个清晰连贯的故事，就相当于留出一些空白让客户和投资者写下他们的期望。考虑到人们经常对工作量抱以乐观的看法，这些期望可能比您所能做到的要高、难得多。有了产品路线图，就可以让每个人对进展有合理和现实的看法。因此，绝对不要让干系人帮您做规划。说实在的，每个人都不擅长制定计划。所以，最好确保折磨自己的所有糟糕计划都来自于自己。

相关说明、文章、书籍、案例以及下载资源，可以访问 https://startup-scaleup-screwup.com/product-vision。

天空中的影子写手

为内容营销和电子邮件营销设置内容日历和内容待办事项列表

"内容主题调查。"

"招聘记分卡。"

"下一次团建活动。"

在我们召开每日咖啡会谈时候，当天的议题都会出现在聊天窗口。这天，我补充说我想讨论一下我们公司网站的内容更新，在视频通话中的另一名团队成员也提到，我们的博客需要更多的文章。我们的团队似乎有大量的写作工作有待完成。

可以这么说，如果我没有开始写作，就不会有今天的成就。当您相信自己可以为这个世界做些有意义的贡献时，必须把您的想法传播出去。当然，这并不一定必须以书面形式，可以是音频、视频或任何格式的组合形式。这些细节现在并不重要。您是一位企业家或企业内部创新者，您有几句话想要对外表达。当您决定向世界宣传一些有趣的东西时，您就迈出了内容营销的第一步。

请尽早启动内容营销活动。最好的时刻是开始构思产品或服务或者当您在初始阶段（1）创建产品愿景的时候。从内容营销中真正获益通常需要花很长时间。要想在长时间内坚持不懈，提供稳定的内容流来支持您的产品或服务，吸引客户、员工和商业伙伴，这确实是件难事。因此，如果还没有开始，最好现在就动手干起来。

Intercom 是一家开发销售、市场和客户实时聊天软件的公司。在他们的办公室，可以俯瞰都柏林的圣斯蒂芬绿地，内容总监约翰·柯林斯（John Collins）向我描述了他们公司所有关于内容创作的工作。

> 在 Intercom 公司的早期，虽然没有人专门负责市场营销，也没有谁的职位头衔和市场营销相关，但我们还是把内容当成一个重点。我们几位创始人一直在进行内容写作。甚至在 Intercom 成为一家公司之前，他们就已经着手写博客，谈论他们的旅程。我现在只是在分享他们的经验。创造内容是他们当时一直坚持在做的要事，现在人们会把它作为营销的一部分。但我们的几位创始人当时并没有把这项活动当作市场营销来做。
>
> 约翰·柯林斯，Intercom 公司内容总监，爱尔兰都柏林

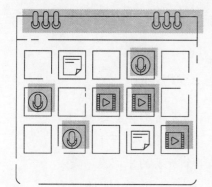

在许多创业相关的文献中以及在一些创业赛事中，许多业务失败都归咎于糟糕的营销。造成这些问题的原因并不是**缺乏**市场营销，而是**糟糕的**市场营销。根据我的经验，许多营销工作的不足之处恰恰在于，创始人和企业家在营销上用力过猛。他们卖力之余失去了真实性，因为他们一心只想说服和转化客户。从我不够谦虚的观点来看，更好的营销活动应该是试图讲述一个故事、分享一个见解或提供一个有用的工具。最好的市场营销人员是那些（在某种程度上）忘记市场营销的人，他们的目标只是向人们提供帮助。潜在的顾客和用户自然会欣赏有趣和有用的业务。内容创作是实现这一目标的有效途径。

要做到成功的内容营销，唯一的途径就是以固定的节奏和前后一致的信息持续发布内容。如今，作者、博主、视频博主、播客主和 Instagram 达人经常使用内容日历（或编辑日历）这一工具，用于计划和管理内容条目的创建和发布，这些内容可以发布在不同的媒体渠道，包括时事通讯、博客和社交媒体网络。创建这样一个内容日历的目的是，帮助团队中的每一个人理解我们正在生产和发布什么，在哪里发布，由谁发布。这个工具还可以确保团队在多个发布中始终保持其消息的规律性和一致性。即使公司致力打造的内容多样性有点呆板，看起来就像提线木偶秀，这也是无伤大雅的，因为尽管有些混乱，即使像提线木偶，也保证了内容的规律性和一致性。

从我个人的经验来看，我深知内容营销这事件解释起来容易但执行起来困难。当我写完这一章的第一稿时，清醒地意识到我的博客在过去三个月里一直没有更新。我实在太忙了！所以，我给您一句忠告，知易行难。但如果只是全凭即兴发挥，只在心情好的时候发一些东西，那您就是一个懒惰的园丁，只在想要享受日光浴时才去打理花园，结果可想而知。所以，让我们戴上手套，穿上靴子，讨论一下内容营销的基础知识，这些东西对创始人和商业领袖都是有用的。

约翰·柯林斯（John Collins）继续讲述他们是怎么做内容的。

> 现在，有些从事内容营销的人主张，内容贵精不贵多。他们说，您最好每周发布一次，但保证发布的东西质量很高，而不是每天都发布。在 Intercom 公司，我们可能取了个折衷的中间点。是的，我们的确有内容日历。而且非常简单。我们使用 Trello 来工作。Trello 中的日历视图非常棒。我们有一个模板来确保所有的检查和平衡都能做到位。我们还创建了一个风格指南，为人们提供语音和音色方面的指导。当一切准备就绪，我们就正式推出播客，并写了我们的第一批书。

> 约翰·柯林斯（John Collins），Intercom 公司内容总监，爱尔兰都柏林

内容日历有不同的样式。有些采用的是实际月历的样式，显示每月的每一天发生了什么。其他的样式则比较松散，例如，每周只显示一列或每月只显示一列，这些列中的项目中包含代表不同内容文章的卡片。还有一个选择是维护一个内容看板，一个用于正在进行中内容项的看板。看板的好处是它能让您看到内容项的工作流程，并加以 WIP 限制。缺点是，无法一目了然地看到相同内容项的发布时间表。最佳的视觉化技术取决于个人偏好以及制作内容的频率和数量。

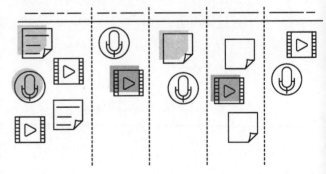

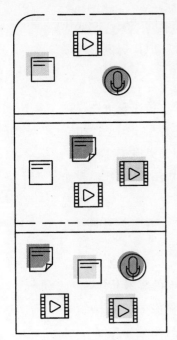

许多内容创建者还会维护一个内容待办事项列表，它是一个想法列表，里面都是尚未分配到特定日期、星期或月份的未来内容项。然后将内容待办事项列表上的内容项作为输入放进内容日历或内容看板中。每当从待办事项列表中挑选出一项用于生产时，它就会被移到内容日历或内容看板上。并不总是需要额外的工具来维护待办事项列表。内容待办事项列表简单版本的实现方式可以是日历上或看板上的第一列，但这时内容项没有指定具体的日期或状态。也可以选择任何其他能轻松维护未来内容项愿望列表的地方来放置这些内容项。

现在让我们来看看您和团队将要生产的实际内容。显然，您应该创造一些能够与用户和客户产生共鸣的东西，但愿您能通过精益角色来对此进行精准的把握。

然而，重要的是要把目光放得更广更远，要考虑到潜在的投资者，员工和商业合作伙伴都有可能成为这些内容的消费者。您甚至可能需要为这些额外的目标受众创建单独的精益角色，因为不同的受众可能会对不同的内容感兴趣。因此，生成的每个内容项都应该为其定义一个目标受众群体。

您创建的精益角色描述可以帮助决定最好从什么渠道发布您的内容、应该提供什么类型的内容以及每个月每位受众应该收到多少个内容项。在开始阶段，需要先选择一小部分内容类型作为重点关注。可以提供访谈、操作指南、条列式文章、故事、案例研究、新闻稿、投资者更新、技巧贴士和统计数据等。但您不可能面面俱到地做完所有这些事情。

同样，必须决定用于发布和分发内容的内容渠道。可以使用博客文章、时事通讯、播客、视频和社交媒体更新等。最佳的渠道和最佳的发布频率完全取决于您的目标受众。这也不奇怪，内容类型和内容渠道通常是互相关联的。比如，信息图表在博客帖子和社交媒体上会有较好的效果，但放在播客上就不理想了。在网站上提供白皮书是不错的选择，但在视频中却并不合适。

接下来，需要与团队讨论内容策略。什么东西会让您的宣传在竞争中脱颖而出？您的想法和风格如何变得与众不同？这就需要好好想一想正在树立的品牌以及这个品牌对您的干系人意味着什么。例如，如果您想被视为一家倡导透明文化的公司，那就在博客上写下您从失败中吸取到的教训。如果您想公司被视为提供高质量产品的供应商，就制作精致美观的宣传视频，展现你们将如何帮助人们改善工作生活。简而言之，内容必须能够反映品牌想要表达的价值观。

> 如果您有一个想法，应该先问这个想法和其他人的想法有什么不同？如果您已经有一间创业公司，肯定已经相信你们有些想法是与众不同的，因为您一般会说："我们看到这个问题还没有其他人解决"或者是"我们看到这个问题了。其他人正在用这种方式解决它。而我们选择这样做"。尽量试着去创造那些能够展现个人世界观的内容。最近一段时间我总是看到的一个错误是，一些大品牌创造了一个内容机器，里面尽是优秀的、前卫和有趣的内容。但他们创造的这些内容与他们的主营业务毫无关联。请确保您制作的内容与您的产品有一定的关系。但是，也需要突出自己的观点。想想如何才能做到鹤立鸡群。现在市面上充斥着这么多五花八门的内容，您必须试着思考您对事物的独特看法。

> 约翰·柯林斯，Intercom 公司内容总监，爱尔兰都柏林

接下来需要考虑目标。想用这些内容碎片实现什么？是想提高在线活动的参与率吗？是想让客户下载产品的试用版吗？是希望投资者参与您的股权

众筹吗？内容项的发布通常伴随着一个**行动号召**，对于每一个内容项而言，它要实现的效果应该是清晰的。其目标可能是您的北极星指标、海盗指标（请参见第 23 章）或其他一些事先定义的目标。无论是什么，对您来说肯定都是重要的，如果不去衡量，就无法考察这些内容的有效性。

你们当中有一些人可能还想知道应该从哪里寻找想法。我个人认为，这应该是内容营销中最简单的部分。不妨在公司中走一圈，四处看看吧。相信您会找到大量还不成熟的想法、事件、故事和人工产品，可以作为下一篇博客、视频、播客或社交媒体文章的输入。当团队成员自己不擅长写高质量的东西时，就问问他们的想法，当一个影子写手为他们代笔。翻翻过去的演示幻灯片、产品调查的数据、最近团队团建的照片、团队成员的专业技能和经验、精益实验的结果、最新版本的文化手册或融资演讲，当然还有关于产品愿景的一些新看法。是时候让这些东西拂去灰尘、美化一番并重新塑造成引人入胜的新内容资产了。或者您可以怼天怼地四处宣战，像我一样，公开吐槽，抱怨一切。

当您为内容营销流程准备好了一切之后，就可以开始对内容项做时间规划了。请花点时间调查一下，一年中哪些日子可能对业务很重要。找找是否有与您和您的受众相关的节日、行业活动、世界事件、产品发布、广告宣传、贸易展会或会议？每个季度的开始和结束对您的业务而言有什么特别的重要性吗？您是否考虑过世界读书日（4 月 23 日）、星球大战日（5 月 4 日）、世界 Emoji 表情符号日（7 月 17 日）、世界动物日（10 月 4 日）或者其他一些当地或全球的节日和纪念日？在您的内容日历中，应该为这些日期做出标注，指示这些空白处必须填上相应的营销内容。最重要的是，您应该保证在这些日期的意义和您所期望品牌所代表的意义之间建立正确的联系。

请不要忘记内容背后要有目标。有些事情是您期待目标受众去做的。即使只是读您写的东西，听您说的话，对您的品牌印象不错，您仍然希望得知自己的内容营销努力是否有成效。建议养成经常查看统计数据的习惯。哪些内容类型得分最高？哪些内容渠道的受众在增长，哪些没有？看看您的行动号召相关的度量指标，结果如何？我不希望把您变成一个全职的内容营销人员，但是每个定期生产内容的人，包括最好的创始人和商业领袖，都应当清楚自己投资的回报。您当然希望自己的提线木偶秀能够获得巨大的成功。

相关说明、文章、书籍、案例以及下载资源，可以访问 https://startup-scaleup-screwup.com/product-vision。

百万美元的豪赌

为业务采用敏捷融资的方式，使用小批量、小预算并保留多项选择
余地的融资手段

想象一下，您和朋友去赌场。你们一起决定，把两人的资源合在一起，因
为你们相信共同的努力将增加大赢一把的几率。然而，您的朋友坚持，你
们应该只玩轮盘赌，而且他想只赌单个数字，因为如果您赢了，会得到相
当可观的一大笔钱。您和您的朋友之间有一个重要的区别。对他来说，这
只是他赌博预算的 1/40，因为他同时和其他 39 位朋友在 39 张桌子上玩同
样的游戏。但对于您来说，这不仅仅是您全部的赌博预算，这还是您兜里

译者注：本章名"Million-Dollar Gamble"来自切西·L.韦斯特（Chassie L. West）
于 1984 年出版的同名小说。

所有的钱。现在，您对赌单个数字有什么看法？

这是您从一位风险投资家（VC）那里获取资金时心底应当有的感受。风投的商业模式要求他们同时对多个潜在独角兽公司进行多项押注，这些独角兽公司的市值有可能会增长到 10 亿美元甚至更多。他们将资金分散到许多创业公司，然后试图把他们推为下一个 Spotify、Zalando 或 Revolut。任何低于这类明星案例的成绩对他们来说都没有多大意思。但同时很可悲的是，或许也只有 1/40 的创业公司能够最终真正成为这样的独角兽公司。而其他的大多数公司都步履蹒跚，走向衰微，甚至关门倒闭。

当您从风投那里获得资助时，他们的议程需要与您保持一致。有了风投的加入，您就再也没有机会说出这样的话："我觉得拥有一家价值 1 亿美元的公司也不赖。在轮盘上同时在多个奇数和偶数上押注没有什么不对。虽然这样每注押的金额更少，但全部输光的风险也更小。"这可能是有道理的，但风投对此并不感兴趣。他们不喜欢小公司的"结局"，他们只想要独角兽。他们想全力押注，即押上他们的一小部分钱以及您的大部分钱。

有几家由风投注资的公司，他们的创始人不约而同地告诉我，如果可以重来，他们可能不会选择从风投那里获取资金。您曾经天真地以为，一旦您让他们上车，让他们替你付油钱，你们就可以一起愉快地旅行了。但如果您没有按照他们选定的方向驾驶，他们就会横加干涉，在少数极端情况下，他们甚至会接管方向盘，把您一脚踢出巴士。您要明白的一件要事情，哪怕是与配偶闹离婚，也比赶走一位投资者更容易。

我写这一章的时候，我们正在准备下一轮融资。我今天和投资者一共开了六次会。其中有两位风投和四位天使投资人。说实话，我并不喜欢风投的做派。我更喜欢在尽可能长的时间里让自己留有选择余地。风投资助的创业公司往往会占据所有的头条，但企业的成功不应以媒体上出现的文章数量和风投投入的资金数量来衡量。选择其他投资方式的公司并没有什么问题，其中许多公司大多也以非常透明的方式进行运营。幸运的是，除了风投之外，创业公司还有很多其他的融资选择。这很好，因为筹集资金本身就是一个项目，然而很多创业公司在这一步还是搞砸了，因为他们在穷尽自己的想法和实验之前，就已经耗尽了资金和智慧。

都柏林 Flender 公司的 CEO 克里斯蒂安·柯克（Kristjan Koik）也向我描述了在该次创业之前的失败。

> 我们至今还没有在 Flender 公司运营上犯太大的错误，那完全是因为我们已经从之前的创业失败中吸取了教训。那些也曾经是非常棒的创业公司，也有过很多客户，但我们之前没有在合适的时间内吸引到足够的投资。我们因此失去了前进的动力。然后，我们就耗尽了资金。
>
> 克里斯蒂安·柯克，Flender 公司 CEO，爱尔兰都柏林

FlixBus 是德国一家长途巴士公司，其联合创始人兼 CIO 丹尼尔·克劳斯（Daniel Krauss）和我在德国柏林的一个露台上喝了几杯，然后他向我讲了有关融资流程的各种有趣的细节。

> 融资仍然是创业环境中不太敏捷的部分之一，这是显而易见的，因为融资这个概念最初来自于股票市场。有些人认为他们通过

进行封闭式投资可以获得更好的回报。但是，传统商业的节奏仍然是订单、年报、收盘以及其他上市公司需要做的一切财务活动。然后他们的有限责任合伙人通常会把钱投入以 10 年为期的基金。所有这些融资周期都不是很灵活。作为一个公司，您会因此而痛苦不已，因为他们需要您拿出年度预算以及其他财务相关的东西。

丹尼尔·克劳斯，FlixBus 公司联合创始人和 CIO，德国柏林

重要的是，要认识到，得到资助的对象通常其实是一种商业模式。团队和项目本身并不能直接产生投资回报，但是商业模式可以。商业模式的融资通常也是分阶段发生的，大致上能与业务生命周期的各个阶段逐一对应起来。在启动阶段（1）打造一个产品愿景时，只需要花少量的时间在对融资的思考上。在考察阶段（2），需要稍微多花一点精力考虑资金问题，以保证能完成探索合适的问题/解决方案的匹配度所进行的工作。形成阶段（3）则需要更大一点的钱包来支撑，然后为了继续支持在验证阶段（4）对产品/市场契合度的探索，以及在稳定阶段（5）对业务/市场匹配度的探索，以后对资金的要求会越来越高。最后，必须拉开闸门让资金涌入，以支持加速阶段（6）的活动。

对于新业务的融资，无论是独立创业还是公司内部创业并没有太大的区别。两者都需要预算用于开发想法、原型和 beta 版本。两者都需要向投资者展示工作进展并建立信任，以便日后获得更多资金。一个独立投资者和一个公司内部投资组合经理之间也没有有太显著的区别。两者都会向创业提供较少的资金，刚好够支撑下一阶段的活动。两者都会坚持这些资金应该被用以抵达下一个里程碑，并且都会要求创业者提供未来可盈利的证据，以保证双方可以继续关于后续资金的协商。

对于独立创业公司来说，典型的融资周期是 12 到 18 个月。这意味着，每

隔一年到一年半的时间里，创始人都会投入大量的时间和精力来寻找资金，以支撑业务生命周期下一阶段的活动，或者是至少支撑其中很大一部分活动。这很容易花费他们大部分的时间，连续几周或几个月，召开几十个投资者会议，每次会议都塞满了计划、展示和绩效。一旦他们完成了这轮融资并获得了资金，创始人就可以关注怎么好好花钱，朝着下一个里程碑努力工作，直到一年后为了融资的奋斗又开始巡回上演。它就像一年一度的欧洲歌唱大赛，只不过所面对的评委更挑剔，而且自己的戏服也没那么绚丽。

FlixBus 公司的丹尼尔·克劳斯（Daniel Krauss）继续讲述他的融资流程。

> 我认为管理投资者的整个流程大概需要花上半年的时间。如果想认真做好这件事，请务必做好充分的准备，并在最后得出一个好的估值，这套融资流程需要一个人为之付出全职工作。我们有三个创始人，所以我们可以一起分担这项工作。但在我看来，融资应该是一项全职工作，也是创始人的本职工作之一。这就是为什么您应该尽早打造一个优秀团队的原因之一，因为这样团队就可以努力地去处理所有产品相关的问题，而您的重点是去赢得商业资金。

> 丹尼尔·克劳斯，FlixBus 公司联合创始人和 CIO，德国柏林

Flender 公司的克里斯蒂安·柯克（Kristjan Koik）也向我表达了他的观点。

> 我们刚刚完成了一个早期阶段风投的股权融资挑战。这确实算得上又一个里程碑，因为之前我们所有的投资都来自于私人投资。而这一般要走一个 6 到 8 个月的漫长流程。对于 CEO 和董事长来说，通常都会在这上面花很多精力。我想说，对于早期的公司来

说，要实现这点确实要困难得多。原因有两个，首先，该公司是第一次做这种融资，有很多事情需要向投资者证明。其次，当您还处于早期阶段时，很可能并没有一个庞大的团队。当您在进行第二轮或第三轮此类融资的时候，可能已经有了一个完整的团队，可以在筹集资金的时候把一些事情委派给他们。然而在早期，这真的是一份全职工作。

克里斯蒂安·柯克，Flender 公司 CEO，爱尔兰都柏林

大量的时间投入到计划和准备工作中只是为了获得项目资金，业务敏捷专家有时称其为"预先大设计"（Big Design Up Front，BDUF）。融资准备过程如此漫长的一个重要的原因是，因为会议、谈判、严格审查和法律费用等缘故，整个投资流程是昂贵而痛苦的。但是敏捷拥护者喜欢说："当某件事令人头痛时，就应该更频繁地去做这件事。"迫使自己变得更有创造力，降低每件事的成本和痛苦，并且通过将融资周期分割成更小的增量式活动，您就可以转向许多更短的融资周期，或者我喜欢称之为"敏捷融资方式"。只要做点研究和准备，就可以实现随时融资（Always Be Funding，ABF）。

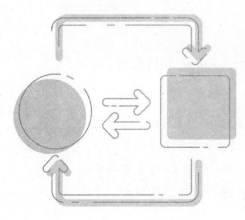

幸运的是，业务敏捷的概念正在逐步占领创业圈。可以看到，融资准备过程正在缩短。随着股权众筹平台的涌现，获取资金变得越来越容易，一些创业公司以小额增量的方式筹集了四倍、五倍或六倍的资金。对我来说，这具有非凡的意义。为什么非要向投资者提供未来两年的预测和里程碑呢？每个人都清楚，在一个快速发展的环境中，这样的预测毫无意义。通过更

频繁地运行小轮融资，创始人可以设定更现实的短期目标，专注于实现这些里程碑，并在投资经理之间建立信任和可信度，从而增加他们成功完成后续多轮融资的机会。与其仅仅为了单独一个甚至可能失败的目标奋斗，不如一个接一个地连续达成几个目标，逐步建立更良好的声誉。

作为一个创业公司的创始人，您可能会考虑尽可能地接近理论上的极端理想情况：持续融资。当某件事还在让您头痛，那就更频繁地做这件事情！重组并改造整个系统，使任何人都可以在任何时间任何地点投资您的公司。如果说开发人员都能够摆脱痛苦的软件发布周期，以实现他们所谓的持续部署（continuous deployment），那么创始人也应该能够摆脱痛苦而缓慢的投资周期，并以持续融资为目标顺利地走下去。发布股权和获得资金只需要点击一个按钮，就是这么方便快捷！

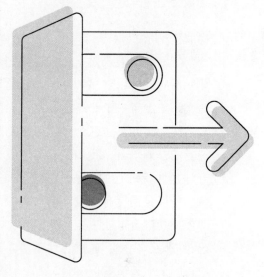

小额融资的后果之一，就是必须学会在小额预算的支撑下工作。当您没有多少钱的时候，需要使用一些方法来做得更少并工作得更快。最好是在资金不足和过度激励情境下，推动精益敏捷发展。正如许多从事创新工作的人所知道的，额外的约束常常会刺激更多的创新。通常，造就绩效的是适度进食，而不是暴饮暴食。现在您可能还难以体会这样的好处，但我相信您以后会感激我的。

另一种更灵活的融资方式是保留多项选择的余地。在创业的每一个阶段，都有不同的融资方式。越迟承诺仅向一个单一的来源申请资金，您的业务就越有弹性。这意味着，例如，推迟从风投处融资，推得越晚越好。可以尝试一次股权众筹，如果没有成功，也不要回头。还可以与天使投资一起工作，然后在对公司有利的时候再转向其他融资方式。但一旦开始与正式投资者合作，就没有回头路可走了。这意味着必须想得更深远并做好一些情景规划。下一阶段会有哪些选择？可以并行开始实行哪几种方法从中找到最合适的？

当我们的股权众筹结束后，团队体验到了使用多种方法融资的益处。最初，我们使用的众筹平台告诉我们，一般从结束融资到收到资金，平均需要三周时间。由于多种原因，我这里不打算细讲（但这事让人抓狂，恼怒的我在墙上留下了一道道划痕），从我们的众筹结束到真正收到我们的资金之间的时间长达三个月，而不是三个星期。幸运的是，除了面向欧洲投资者的众筹平台，我们还有自己设立的面向非欧洲投资者的众筹。这两种方法是并行进行的。由于投资我们的每位非欧洲投资者都直接向我们付款，所以我们拥有了足够的现金流。如果当时只依靠那个众筹平台，我们即使成功融资可能也无法存活下来。这就好比真的是拼死冲线抵达终点时已经成为了先烈。通过这件事情，我们得到的教训是永远不要把所有鸡蛋放在同一个篮子里！

如今，使用多种方法这件事正变得更加容易，因为融资选项的数目已经显著增加了。20 年前，作为一个首次创业的人，我只能在富有的朋友、风投和并没有什么担保的银行金库之间做出选择。如今，有孵化器、加速器、天使投资、赠款、众筹、P2P 贷款和首次代币发行（ICO）等，这样的例子不胜枚举。当解决资金问题的可能性增加时，那些聪明的人就会去尝试多种方法，然后看看哪种方法能以最少的成本获取最好的回报。

让我们快速浏览一下当今流行的融资选项。一开始，我自己为当前业务的第一阶段提供了资金。所以，这家公司最初是采取了**自筹资金**的融资方式。我的收入来自我的演讲、著书和课程授权，这足以支付初始的费用。其他企业家大多也以类似的方式为他们的早期商业想法买单，比如通过做自由职业者、打工或者并行运行另一个商业模式来获取资金进行创业。用企业 B 的收入为企业 A 融资只是另一种为您保留融资选择余地的方式。

另一种可能是找社交网络中的人脉来资助。有些人把这类投资者称为朋友、家人和傻瓜（friends, family, and fools，即 3F）。（请别误会，这不是我作为荷兰人的率直表达，这真的是创业圈常用的表达方式）这里指的是那些略有富余能为您提供小钱包的人，而且很有可能的是，在创业之前您就已经认识他们了。但是请注意，请好好维护你们之间的情谊，即使生意不景气，也千万别让友谊的小船说翻就翻或者出现裂痕。

与此非常接近的是**天使投资者**。这些人可以为您提供更大的钱包，他们对您的业务感兴趣，是因为这种非正式投资已经成为他们的个人爱好。很有可能的是，之前您并没有和他们有过私人接触，一般通过创业大赛或私人关系最容易结识他们。天使投资者会为您带来知识和广泛的经验，但找到这样的投资者需要在非正式的社交网络中付出特别多的精力。

如果商业模式允许，可以尝试**客户融资**。最健康的融资形式是，来自客户的收入足以维持业务。可以考虑采用多种方式，例如新产品的预订、批量工作的首付或者客户在年初支付的年费。简单来说，越早让客户为业务付款越好。

您可能会遇到另一个术语"**自助筹资**"（bootstrapping），但它并不算是一个独立选项，因为它通常被理解为自筹资金和客户融资的组合。一开始为自己的生意买单，直到您让顾客为您买单。一些专家声称，如果选择的商业模式允许您这么做，那么自助筹资就是所有融资方法中最好的一种方法。

在塔林的 Taxify 公司，瑞娜·茵伯格（Riina Einberg）和我分享了她对自助筹资和融资的看法。

　　我的处境是，我们完全依赖于外部投资。在这种情况下，想要实现规模化是非常复杂和伤脑筋的。如果能赚到足够的钱来覆盖成本，您就会有更多的自由和灵活性，也会更有自信，因为您不那么依赖投资者，通常您的市值表和估值也会更好。我想说的是，在没有一个扎实的商业模式并且赚不到足够钱的情况下进行规模化扩张是非常危险的。必须要有非常吸引人的东西，非常独特的东西，非常打动人的东西。如果不赚钱，且只关注有限的市场，您就会处于非常危险的境地。

瑞娜·茵伯格，Taxify 公司总经理，爱沙尼亚塔林

可能您已经发现，我最喜欢的融资方式之一就是**股权众筹**。采用这种方式，您不是向少数投资者出售大量股权，而是向大量投资者出售少量股权。关于这种方式的大量优点和少数缺点的概述，请参阅前面的第 6 章。

与股权众筹极为相似的是**产品众筹和首次代币发行（ICO）**。前者涉及 Kickstarter 和 Indiegogo 等众筹平台，而后者涉及加密货币和区块链技术。但这两种情况下，您并不是将企业的所有权出售给大众，而只是出售某种权利或特权，比如产品的特殊版本或未来对您的服务的早期访问权。

有些企业家还喜欢政府通过补助金来资助企业的方式，因为这种补助津贴被认为是**免费的钱**。然而，国家提供的**免费**津贴往往涉及大量的官僚政治，通常只有很小的机会能最终获取这种补助金。您必须愿意为正式的申请程序完成所有的文书工作，并且，当一笔补助金真正发放给您之后，还需要处理更多的文书工作来证明您是如何花这笔钱的。

主流媒体很少讨论的一种可能性是**企业融资**。传统上，老牌公司会选择投资于新产品和新服务，包括投资可行性研究、大笔预算、大量商业案例和长期计划等。而且如今，他们将受益于一种更精益敏捷的方法，在这种方

法中，他们通过投资组合管理、分阶段融资和创新漏斗来支持公司内部和外部的创业。作为一个创业公司，那些在寻求实现现代化创新方法的老牌公司可能会助您一臂之力。

另一个有趣的类别是孵化器和加速器。这些组织专门帮助创业公司从一个阶段进入下一个阶段，以换取大量股权，通常这些组织还会提供额外的综合服务，比如提供共享设施、顾问网络和本地创业者社区。500 Startups 的合伙人麦特·伊尔沃恩（Matt Ellsworth）通过 Skype 电话向我解释了加速器业务是如何运作的。

> 是社区和战友情谊让全球投资者向很多美国以外的公司进行投资。当这些创业者来到旧金山参与我们的常驻项目时，他们能遇到来自世界各地的企业家，这对他们特别有帮助，因为每间创业公司多多少少都有点不健康的压力和工作，或者这样那样的其他毛病。所以，这种常驻项目有助于建立一个专业的交际网络。其中一些专业人士来自创业企业规模还未成气候的地方。所以，当他们参加一个有 30 到 50 家公司的项目时，他们就能够为自己创建一个巨大的社区和网络。如果你们是一群正在经历类似挑战的创业者，请想象一下，在这里你们每周都要开会分享彼此的进步和社区其他方面的讯息，我想说，这些是加速器所能提供的重要财富。
>
> 麦特·伊尔沃恩，500 Startups 公司合伙人，法国巴黎

此外，当然还有风投这个选项。一般正式投资者的目标是，通过只投资那些有很大几率扩大规模的公司，来实现其投资的巨额回报。这意味着，他们主要感兴趣的对象是处于稳定阶段（5）或加速阶段（6）的商业模式，即是在这些创业公司找到适合的业务/市场匹配度之后。风投的目标是得到一个辉煌的结局，这就会让他们拼命地去逼迫所投资对象的快速增长。如

果让他们在 10 亿美元的公司增长 10%和 2 亿美元的公司增长 50%之间选择，他们总是会选择前者。

500 Startups 公司的麦特·伊尔沃恩（Matt Ellsworth）继续讲述他的故事。

> 如果要从风投融资，您应该了解这些生意伙伴的期望和价值。风投总是更看重那些能够带来巨额回报的大型创业公司的潜力。这一点永远不会改变。他们出于个人情感可能也挺喜欢您的业务，但工作就是工作。这就是他们作为风投所要做的事情，因此更多公司应该三思而后行，慎重考虑他们是否真的应该去筹集风投资金。
>
> 麦特·伊尔沃恩，500 Startups 公司合伙人，法国巴黎

创业公司典型的融资方式是，计划进行多轮大型融资，与数十位投资者交谈，并通过谈判达成协议为长期项目进行融资，但这与精益和敏捷的理念背道而驰。无论追求的商业模式是什么，周围环境必然会发展，您的优先级也会随之发生变化。因此，更明智的做法是为自己找到一种能够轻松适应新形势的融资方式。如果采用敏捷融资方法，以小阶段、小预算、保留多项选择余地的方式前进，这会对您有极大的帮助。

在这个行业中，筹集资金的浪漫主义就有点像您从高中毕业，接着上大学，大学毕业后需要找一份有薪水的工作，然后您需要结婚，一旦结婚，您再生一堆孩子。这些就是我们肩负的人生每一步的里程碑和期望。同样的事情也会发生在创业的世界里，创始人筹集资金，接着对他们的期待是去雇人，然后就是不停地跑，跑，跑，超级超级快。但当您只是盲目地按部就班去做这些事情时，您就容易忽略市场时机以及其他在创业中可能发生的复杂事情。

在理想的情况下，从投资者那里筹集资金，他们对您抱有现实

的期望，您对流程和如何建立公司一直持诚实和开放的态度。他们会签字同意入伙，一路上给您支持和建议。当事情变得艰难或事情没有按计划进行时，你们之间有一个开放的对话。没有人被蒙在鼓里。但是，我认为更多的人应该关注他们的增长速度有多快，虽然我们已经知道应该怎么打理业务，但我认为投资者有时还是应该允许月度增长规则出现例外。虽然很难花时间逐个研究每家公司，并考虑所有不同的例外情况。但我们也看出一些模式。这些模式遵循起来并不难，即使它们并不适用。

麦特·伊尔沃恩，500 Startups 公司合伙人，法国巴黎

相关说明、文章、书籍、案例以及下载资源，可以访问 https://startup-scaleup-screwup.com/product-vision。

影响范围

深入了解如何创建一套融资演讲，学会辨别哪些幻灯片是必需的，哪些幻灯片是可选的

我瞄了瞄看板上与融资演讲相关的任务卡片。所有的幻灯片都为审查做好了准备。只有筹款那部分幻灯片还呆在"进行中"那一列里不耐烦地瞪着我。我还需要做出一些决策。这次我们希望筹集多少钱？我们要拿这笔钱做什么？这些资金能让我们走多远？

我们离资金告罄只有几个月的时间了，但还有几十个问题在我的脑子里悬

译者注：本章名"Spheres of Influence"来自凯尔·米尔斯（Kyle Mills）于 2002 年出版的同名悬疑小说。

而未决。前一周我与几位投资者的会面，只是让问题变得更多了。是我们的资金燃烧率真的太高了吗？我们真的需要关注一个更窄的范围吗？我们将在什么时候使用何种融资方式？我们什么时候才能最终从业务探索转向业务执行呢？我需要尽快找到一些答案，因为许多年轻公司的失败最后都可以归咎于财务问题，比如缺乏资金、缺乏现金流或者缺乏有兴趣的投资者。

许多企业家和创业者都在想方设法地为企业筹集资金。无论是为了创业还是规模化，对于年轻的公司来说，从外部获得资金是很常见的。这当然就需要扩大他们的影响范围，通过向其他人展示投资的巨大回报和较小的风险，来说服其他人掏出他们的钱。对于天使投资者和正式投资者，他们一般会听听您的口头推销，但投资者更喜欢有东西可观看、可浏览、可与他们的同事进行讨论。就股权众筹而言，大众投资者也会有同样的需求。这就是我们要做融资演讲的原因。

一般融资演讲有 10 到 20 张幻灯片，而且通常有两种版本：专供阅读的和专供演讲的。专供阅读的版本需要包含有关于公司和投资提案的所有必需信息，以便投资者在您不在场的情况下进行理解和讨论。这套幻灯片也可以发送给别人、展示在网站上或故意将它留在有上流人士出没的聚会上。

在亲自推销业务时或者现场回答所有问题时，可以使用演讲版本的融资演讲。这个版本可以基于阅读版本修改，从阅读版本中删掉大量细节，替换成几个相关的关键字。减少内容的原因是想让投资者一直看着您，听着您，而不是在您演讲的时候努力读幻灯片。可以在演讲完成后提供阅读版本的融资演讲。

除了阅读和演讲的版本拆分之外，花一些时间在赏心悦目的设计上也是至关重要的。如果您都不好好打理自己的融资演讲，投资者为什么要相信您会好好照顾他们投的钱呢？作为最低限度的美化，至少也需要确保商标、产品或网站有一致的视觉效果、颜色和字体。世界上有很多优秀的设计师愿意帮您做这件事。当然，其中一些人可能会要求您付一定的报酬，会寄给您一张发票。

在我对融资演讲的研究中，我发现每个人都赞同把幻灯片划分为两类：必需的和可选的。我还注意到，每个人对哪些幻灯片应当属于哪个类别有不同的看法。所以，我在这一章中所做的类别划分，是对几十位专家组成的陪审团所提供的意见进行平均的结果。

在做一套新的融资演讲时，我建议把这里提到的所有必需的幻灯片都放进去，除非您有很好的理由非要把其中一些删掉不可。我还建议省略掉所有可选的幻灯片，除非您有很好的理由非要挤一些进去不可。您应该不会感到惊讶，这里面有许多幻灯片与商业拼布的内容有对应关系。毕竟，商业拼布是商业模式的可视化呈现，这也正是投资者想要得知的信息。

所以，让我们快速过一下每张幻灯片的内容。

首先是融资演讲的**封面**幻灯片，需要用这一页抓住人们的眼球，并让他们对后面的内容有个总体印象。用一个简单的口号描述您的创业公司是做什么的，最好能说明您能给客户带来的好处。一张好的图片肯定会有所帮助，而加上你们的商标也绝对不会出错。

接下来，**概述**幻灯片要解释眼前的机会和风险。在口头推销中，可能只有时间展示一张幻灯片。几秒钟之内，投资者就想得知您的创业公司是否是他们愿意投的（好机会）。他们还想知道验证、牵引力和业绩等（低

风险）。

在问题幻灯片上（有时也称为机会），要解释什么问题需要解决以及为什么。您还要定义面临着这个问题的受众，要解释他们有待解决的事情（Jobs to Be Done），要让融资演讲的观众相信目前的其他解决方案是不充分、不适当的。需要提供一些证据来支持您的观点，即这是一个值得追求的机会。

您有什么样的**解决**方案？您会怎么处理这个问题？您有应用程序、网站、平台、服务或实体产品吗？它会做什么？在满足客户所需要的利益方面，该解决方案是如何实现的？这张幻灯片上需要展示解决方案的基本信息，让观众意识到这个方案是可行的，而且会很棒。

在**客户/目标市场**幻灯片上，呈现了您认为谁是您的客户。您是否有证据显示会有许多人对您的解决方案感兴趣？这张幻灯片上列出潜在市场总额（TAM）、可服务市场（SAM）、可获得市场（SOM）及发行潜在市场（LAM）等信息。请使用您最喜欢的搜索引擎来了解这些术语。

Elder 公司的 CEO 兼联合创始人彼得·道兹（Peter Dowds）在伦敦与我通过 Skype 进行了通话，谈到他作为医疗行业创业公司创始人的经历。

我们很早就决定要聚焦于一个特定的问题，即全职护理，这是一种医疗护理，发生在人们有迫切护理需求以至于需要全天候的医疗支持时。我们认为，这也是现有解决方案中最糟糕的领域，我们觉得，一个最明智的方法是找到一个小众市场并专注于这个市场，而不是试图去煮沸整片海洋，在一个广阔的市场上去完成所有事情。这个策略对我们而言很有效。我们的市场营销策略是针对这个特定的小众市场量身定做的，而不是更广泛的尝试。因为在太过广泛的尝试中，您无法确定问题是什么，也无法充分了解客户，所以只能试图去解决一切问题。这往往是一个糟糕的想法。对我们来说，只需要关注那些需要全职护理的人。这也显然有数百万人需要这种护理，而且他们可能会遭遇一些很严重的问题，但他们只需要一点帮助就可以解决这些问题，每天或每周去护理一次。于是我们决定加倍投入这个事业，不是面向所有人，而是针对那些需要全天候护理的人，因为那里有一个更尖锐的问题。正是这个目标市场让我们显得与众不同。

彼得·道兹，Elder 公司 CEO 和联合创始人，英国伦敦

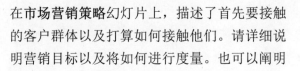

在**市场营销策略**幻灯片上，描述了首先要接触的客户群体以及打算如何接触他们。请详细说明营销目标以及将如何进行度量。也可以阐明市场定位，针对新用户有什么宣传语，而且打算使用什么渠道宣传。

产品幻灯片（有时也称为"秘密武器"）是解释解决方案有哪些潜在的魔力。可以通过几个简单的步骤来展示产品是如何工作的。还可以使用截图或视频来揭示人们使用产品时会发生

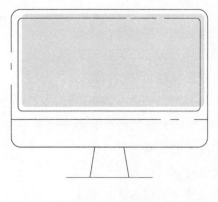

什么以及他们将如何享受这款产品所带来的好处。当然，还可以选择更酷炫的展示形式。

在演讲中最重要的幻灯片之一是**牵引力**相关内容。到目前为止，有什么证据表明您的方向是正确的？有证据显示早期客户的高使用率和高保留率吗？请说明您从 MVP 中学习到了什么，或者说明您已经获取的收入和客户群。这里展示来自于强力潜在客户的意向书也将会大受欢迎。对许多投资者来说，牵引力是融资的主要驱动力。

阿姆斯特丹 BUX 公司是一家提供投资和交易应用程序的公司，其 CEO 兼创始人尼克·博托特（Nick Bortot）与我分享了他自己在融资方面的经验。

> 从我们的营收来看，我们的产品实际上非常不稳定。我们太依赖于金融市场的变化，因此我们的收入有可能在几个月内翻倍，但随后又回落到以前的水平。然而，大多数投资者喜欢公司有稳定、不断增长的营收。所以有时候，我们这个案例对于投资者而言会有一些棘手。如果您需要我的建议，就去多敲投资者的大门。但如果没有在他们眼中发现那种闪耀的喜悦光芒，那么试图说服他们是没有意义的。会投资您的人基本上都会先喜欢您的产品。

> 尼克·博托特，BUX 公司 CEO 和创始人，荷兰阿姆斯特丹

在**营收模型**的幻灯片上，要解释商业模式的类型、价格模型、生产成本以及公司如何将其转化为利润。投资者想知道的重要数字是获客成本（Customer Acquisition Costs）和客户生命周期价值（Customer Lifetime Value）。是的，用谷歌等搜索引擎查查这些术语吧。我可以等您一会儿。

财务状况幻灯片可能会是投资者审读最仔细的一页。这里应该显示对未来 12 至 24 个月的主要收入和支出的预测。这份粗略的估计可能会有错误，但它们表明您理解了需要验证的财务相关的假设。可能需要考虑提供三种不同的预测，即最佳情景、最佳猜测和最坏情况。

FlixBus 公司的丹尼尔·克劳斯（Daniel Krauss）在柏林对投资者一直要求的预算和预测计划发表了自己的看法。

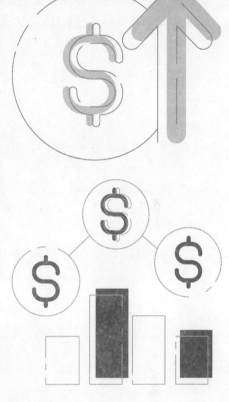

　　每份计划和预算都带给人们一种安全感，即使它是假的。每个人都清楚这一点。一个计划从公布起就会过时，但人们仍然喜欢参考它。所以它提供了一种安全感，这是人们都喜欢的。这也是敏捷公司在规模化扩张环境中所面临的挑战之一。对我来说，敏捷意味着持续的变化和迭代开发。在过去，变更管理总是先解冻一些东西，做一些事情，然后又把这些东西封冻起来。但敏捷意味着您会一直处于持续不稳定状态，对某些人来说，这就意味着持续的不确定性。不确定性让他们感到尴尬。对于公开市场和与融资相关的投资者而言，小而快的迭代仍然是一种毒害。因为他们仍然依赖于他们的传统计划和预算。所有的投资者，尤其是创业公司的投资者，都清楚他们在过去 10 年里看到的所有预算其实都是在扯淡。

丹尼尔·克劳斯，FlixBus 公司联合创始人和 CIO，德国柏林

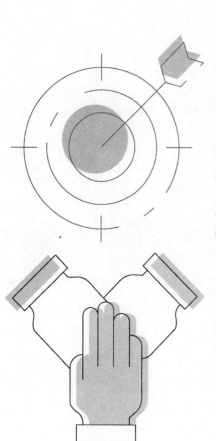

还应该有一张**竞争分析**幻灯片，因为当今每家企业都面临某种形式的竞争。即使您没有直接的竞争对手提供类似的产品或服务，您的客户也会有其他的选择来完成他们的 JTBD（有待解决的事情）。请向投资者展示您的潜力，让他们知道您的业务竞争环境是什么样的。

用一页幻灯片解释是什么让您的**团队**成为把握这个机遇的合适人选。你们曾经共同工作取得成就吗？您需要在市场、创业环境或您正在使用的技术方面展示团队中互补的技能集合和一些过去积累的经验。这里团队包括创始人、关键团队成员和其他对业务至关重要的人。

在**筹资**幻灯片上（有时也称为"资金要求"或"资金使用"），必须说明需要多少资金、多长时间以及为什么。您打算怎么花掉这笔钱？请提出您认为自己能够用所要求的资金所达到的几个里程碑。给自己设定一些您认为能够实现的目标。

在**结尾**处，您可以总结一下所有内容。它的功能与开头的概述幻灯片相似，但最好在开头和结尾用不同的方式表达一致的信息：为什么这是一个

很好的机会，以及如何解决主要的风险？哦，别忘了行动号召：您把联系方式放在幻灯片上了吗？

除了基本的幻灯片外，还有一些可选的幻灯片可供您考虑。但您需要权衡这些幻灯片的附加价值和让演示变得冗长的风险。我建议，只有当它们真正为您的故事添加了内容时，才去添加一两张幻灯片。在这点上，很容易落入典型的评论者陷阱。以我的经验，评论者总是喜欢指指点点，"添加这个""插入那个""解释这个""阐明那个""给出一个例子""提供一个总结"。然后他们最后又说："让这套融资演讲缩减一些吧，它太长了。"

独特价值定位幻灯片对应于商业拼布中同名的那一块。您和竞争对手有什么不一样？为什么人们会买您的东西而不是别人的？

在**为什么是现在**这张幻灯片上，可以详细说明产品上市的时间选择。投资者希望看到您的公司上市的时机不早也不晚。请解释一下，为什么市场已经足够成熟了以及正在收敛的趋势，以证明这正是您创业的最佳时机。

产品路线图幻灯片也可以成为有用的内容。一些投资者想知道接下来会发生什么。一个不错的做法是向观众提供一个产品路线图概述，其中包含高优先级内容和即将发布的产品的时间线，但请不要承诺具体的截止日期。

通过**战略合作伙伴**幻灯片，可以展示有哪些其他公司将帮助您获得更广泛的受众和客户，增加收入，降低开支。请向融资演讲观众解释您是如何建立自己的交际网络的。

最后，描述您的**竞争优势**可能也是值得一做的事情。是什么让您的商业模式难以被竞争对手模仿？您是否有能力用知识产权、名人身份、庞大的客户网络或一些专利来保护自己的业务？

创建一套融资演讲并不是您花上一个周二下午就能轻轻松松做完的事情。虽然只需要制作 10 到 20 张幻灯片，但它们需要大量思考和多次调整。建议您可以花些时间在网上搜索其他创业公司的融资演讲案例。请首先创建您阅读版本的幻灯片稿，找（可能需要花钱）专业人士使它看起来更美观一些，然后从这个阅读版本中删除您会在现场演讲过程中讲出来而不是在投影上显示的那些内容，这就得到了演讲版本的幻灯片稿。

一旦创建了一套新的演讲稿，就可能需要不断更新。您或许要筹集很多次资金，所以最好在网站上为那些在下一轮融资开始前就表现出兴趣的新投资者准备一套最新的幻灯片。当您转向敏捷融资时，会有更多融资轮次和更短的准备时间，这就更加需要演讲稿的频繁更新。

当处于业务生命周期的验证阶段（4）时，创始人所面临的主要挑战之一是，投资者和客户都想知道你们何时会上升到稳定阶段（5）甚至加速阶段（6）。人们似乎没有意识到，验证阶段的主要任务就是寻找一个有效的商业模式。不能简单地根据单独一次搜索得到的积极效果来设定完成时间，就像我们都听说过有人曾经丢过银行卡、护照或新买的智能手机（我尽量勾选了所有您能想到的选项），如果某次能找回，绝对是因为侥幸。

在推销一家仍处于探索模式的企业时，融资演讲必须表明您在探索过程中有一套自律的方法。这套方法还应该让人相信，当您最终找到一些有用的东西时，还有一套自律的方法来执行它。这是两件不同的事，需要加以相应的解释。以上所有这些内容，只能放在 10 到 20 张幻灯片中。衷心祝您好运。我自己在这方面也有很多工作要做，因为我还没有完成我们的融资演讲。虽然这套稿子只需要在筹资部分再做一些调整。

相关说明、文章、书籍、案例以及下载资源，可以访问 https://startup-scaleup-screwup.com/product-vision。

心的旅程

使用旅程地图描述最佳的客户旅程和用户体验，并发现关键时刻

我收到一封电子邮件提醒："距离上次向您的干系人发送更新已经过去一个月了。请点击这里进入您的账户，然后选择'添加更新'。"

于是，我点击消息中的链接来到众筹平台，但是我没有发现任何"添加更新"按钮。我检查了所有的菜单，并在网页上进行搜索。还是没有在任何角落发现"添加更新"。我觉得有点沮丧，点击了"帮助"链接，打开了在线支持窗口。

译者注：本章名"Heart Journey"来自罗宾·欧文斯（Robin Owens）于 2010 年出版的同名奇幻小说。

"有什么我可以帮忙的吗？"网站上，某个我看不见的"东西"这样问我。我回答说："我收到了你们平台发来的邮件，提醒我向我的投资者发送最新消息。您的邮件让我'添加更新'，但我在点击那个链接时，在网站的任何角落都找不到这个功能。"

"好，"客服回复说，"如果您想看众筹活动的更新，必须进入'我的投资页面'。"

"不*&^%#，我不想*读*更新。我想*添加*一个更新。我不是投资者，我是创业公司的创始人。"

之后，在线帮助再也没有进一步回复我。可能我的出言不逊让机器人客服都震惊了。然而，一小时后，我收到一封电子邮件，让我对在线客服支持的满意度用 1 到 10 分做出评价，我心想："有没有搞错？！"

有时，顾客的苛求可能真的令人烦心。他们希望您的产品和服务体验在所有媒介上都是完美无缺且无缝切换的。他们想让您了解他们是谁，以便减少重复操作，但同时他们又希望您在不同的工具和设备之间为他们保持高度的隐私和安全。他们希望自己的体验在不同的平台上是相似的，但他们也希望您能充分发挥每个平台的独特优势。他们还希望您使用最新的通信渠道，但他们又不希望您过早地放弃传统渠道。顾客有时和您的家人一样，让你费力不讨好。

随着渠道、平台、设备和工具数量的不断增加，所有这些客户需求变得越来越难以满足。您与客户的交互可能从应用程序或即时通讯工具流入，中途经过网站和聊天机器人，然后流向商店和呼叫中心。衷心祝愿您把这一切安排得井井有条！

Elder 公司的 CEO 彼得·道兹（Peter Dowds）向我介绍了医疗保健方面的客户体验。

> 我们所在的医疗护理领域，风险其实非常高。您不能像在其他行业那样，不管不顾地将人们置于危险之中。您订的比萨没到和您叫的看护人员没来，两者的风险有天壤之别。我们很早就在我们的业务中认识到了这一点。这一切都取决于您对客户的深入了解。一个真正对我们有所帮助的领域是我们对客户看法面面俱到的关注。我们已经对客户问题有了非常深刻全面的理解——我们精准地地理解了客户体验是什么以及护理行业的客户旅程是如何发展的——通过花好几百个小时对客户进行访谈以及花大量时间与客户交流，我们真正理解了在他们身上发生的具体细节。

> 彼得·道兹，Elder 公司 CEO 和联合创始人，英国伦敦

旅程地图是一种帮助理解和管理体验的技术。客户旅程地图（或用户旅程地图，取决于角色的类型）是一个图表，说明客户（或用户）在使用产品或服务时所经历的典型阶段。这项技术的目的是为了更深入地了解人们的体验。旅程地图（有时也称为"服务地图"或"体验地图"）一个至关重要的方面是，它们总是从客户或用户的视角来讲述故事。他们想要达到的下一个阶段是什么？旅程地图是适合在创新漩涡的"共情化"和"综合化"工作流中使用的绝佳工具。

像所有的故事一样，旅行地图是对于非线性体验的一个线性呈现。很少有客户在与您的业务交互时遵循简单的步骤顺序。和游戏类似，玩家以非线

性方式与游戏本身以及其他玩家彼此互动，但仍致力于实现和完成许多不同的游戏级别，我也想借此说明，用户与您和您以及产品的互动也是通过跨越不同的阶段或级别发展而来的。虽然他们被允许向许多不同的方向实现互动，但最终，他们应该向更上一层的级别发展。

我们的团队已经花了无数的时间来讨论和理解我们的两大客户精益角色，外部顾问阿尔贝托和内部教练帕翠莎（Patricia）这两个角色来源于我们通过许多客户访谈和实地访问所获得的输入。通过多次会议的协作工作，我们创建了一个高层级的旅程地图，它描述了对我们的用户来说什么是理想的体验（参见图 22.1）。

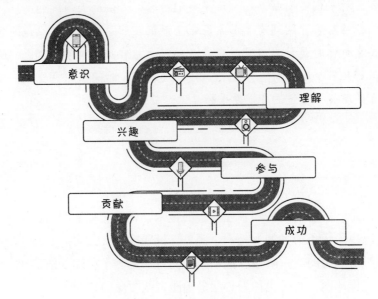

图 22.1　高层级的旅程地图

我们的潜在客户在互动中想要做的第一件事是让他们**意识**到我们产品的存在，这可能会通过广告、社交媒体、博客帖子、活动演讲以及其他宣传渠道引发。下一个级别是，对于我们的产品能为他们做什么，他们想要一个正式的**理解**，这样他们就可以决定是否值得进一步研究我们的产品。第三个级别，在了解了产品所能带来的好处之后，他们可能想要通过注册我们的邮件列表，关注我们的社交账户或者在 Slack（一种即时通信软件）上加入我们的社区来表示对我们有兴趣。有了足够的兴趣，就可能会有**参与**的愿望，他们可以下载我们的应用并开始为期一个月的试用期。一个月之后，客户可能还想要继续体验我们的产品提供的巨大价值，这样他们就可以进入**贡献**级别，在这个级别上，他们不仅仅是为产品付费，还可以为我们的平台增加更多的价值。最后，客户确认**成功**的一个级别，因为所有的客户需求和愿望都得到了满足。把通过以上所有级别的旅程串起来，其结果就是这样一个高层级的旅程地图，包含六个级别或阶段。

旅行地图为客户和用户体验提供了一个跨功能的单一视图，这也是业务所有面向外部功能的结果呈现。该工具确保客户或用户在设计师、开发人员、广告文案、营销人员和管理人员的头脑中始终处于前沿和中心位置。整个团队需要对整个客户旅程地图以及沿途必须满足的需求和愿望有一个共同的理解。

旅程地图能帮助组织实现跨越多客户交互的内聚性，并且在中途出现问题时，它们会迫使业务做出调整。有了旅程地图，就更容易看到哪里有工作要做，以提高人们对业务的参与度。这可能是最好的工具，可以用来打破内部各个职能之间的隔阂，迫使团队成员超越自己的职责，并让他们努力去为用户打造更流畅、得体的体验。

开发旅程地图通常需要很多次迭代。一开始会对客户想要的体验做出一些初步假设。然后，随着时间的推移，通过多次访谈和数据分析，您可以让这张地图更准确地描述人们的真实情况。企业通常犯的最大的错误是不去调查和验证客户的实际旅程。当服务让顾客误入歧途到想要勒死一只小猫时，必须引起警觉。

一旦发现您的客户或用户体验了一些他们没有预料到的事情时，您就发现了所谓的"关键时刻"（Moment of Truth）。这些都是旅程地图上的重要时刻。此时，人们可能会说："神圣的牛啊（英语俚语，意为天哪），这太神奇了。这是最棒的事情！"或者说，"哦，看在上帝的份上，真的吗？请递给我一只倒霉的小猫吧。"鉴于第一种时刻又被称为"惊喜时刻"（WOW moment）。我建议我们称另一个为"惊吓时刻（WTF moment）"。团队在他们的旅程映射操练中的主要目标就是消除所有惊吓时刻并优化惊喜时刻的数量。请拯救许许多多倒霉的小猫，找到您的神牛吧。

我们一直在考虑一件重要的事，就是如何帮助客户尽快看到 Intercom 的价值。这是我们经常讨论的东西，因为 Intercom 帮助您实现与用户的即时通信，让您的用户参与到您的产品中。所以，我们写了很多关于这个的内容，因为我们希望让人们使用 Intercom 来做这件事。但我们自己也经常考虑如何让人们从单纯访问我们的产品到真正成功认可我们的产品。我想指出的是，纵观 Intercom 公司的历史，这一直是我们关注的焦点。我想说的是，这可以让我们弄清楚如何尽早向客户展示价值。

约翰·柯林斯，Intercom 内容总监，爱尔兰都柏林

并没有什么制作旅程地图的最佳实践。只要团队制作出的地图让客户和用户的旅程变得可视化，可以采用各种形式来制作，彩色图表、流程图、表格、信息图和故事板等。有很大的创作自由度，应该选用最适合的形式来表现客户与产品或服务之间的故事。

许多人把旅程地图画成从左到右的管道，这可能会夸大了体验的线性特征。也许，把用户体验画成金字塔会更好，从下到上，强调体验的非线性特征（在水平方向

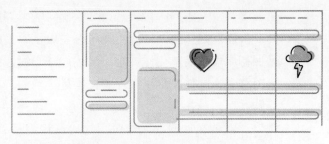

上），同时也显示出通过不同参与级别的预期进展（在垂直方向上）。

通常，旅程映射操练的第一步是**选择一个角色**。如果团队使用了多个不同的精益角色，您可能需要为每个角色创建不同的旅程地图。一些角色可能代表用户，而另一些可能代表客户，这解释了为什么在其他文献中，同样的实践有时也被称为"用户旅程地图"和"客户旅程地图"。但是，没有什么可以阻止您为患

者、会员、员工、捐赠者或其他干系人等更广泛的群体绘制出他们的旅程地图。随着新一轮股权众筹即将到来，我们的团队刚刚制作完成一个众筹投资人旅程地图。

第二步是为旅程地图**选择层级和焦点**。可以设计一个高层级的地图只对主要体验进行可视化，从最初的接触到合同的完成（有时也被戏称为"从摇篮到坟墓"）。也可以选择创建低层级的旅程地图，以满足更具体的需求，例如提出问题或扩展会员资格。还可以选择针对价值定位轮的某一部分来绘制一个旅程地

图，以探索客户如何享受产品或服务特定的价值。例如，从网上商店下单并收到东西，通过应用程序租一辆车并归还这辆车，或者（我能这么建议吗？）通过众筹平台网站向投资者发送更新信息。

第三步是**定义不同阶段**。从第一次确定需求到一个完整的令人满意的体验，中间会经过哪些级别？最好的做法是保持旅程的简单化，并把它描述成一个线性的故事，一个跨越不同体验阶段的理想化旅程。例如，在网上商店购物时，这段旅程可能是"浏览-比较-下单-等待-接收"，或者在访问咖啡馆时，这段旅程则是"进入-交流-下单-喝完-离开"。人们很容易陷入对替代路径的讨论，例如，"如果客户下了多个订单怎么办？"或者"当他们需要上厕所时会发生什么？"但旅程地图不应该覆盖所有的边缘情况，就像精益角色不可能准确地描述所有的客户一样。请保持旅程地图的简单可行。

第四步是**定义渠道**。这些旅程中的通道可能包括任何事情，例如，从访问零售商店到下载应用程序，从杂志广告到与客服部门热线电话。任何场所，无论是实体的还是虚拟的，只要业务存在，就都是您的旅程地图可以考虑的一个可能的通道。对于我们的业务，我们的通道包括我们的网站、博客、应用程序、社交媒体账户、时事通信、Slack 社区、视频聊天、线下会议、调查、演讲活动、服务中心，等等。对于您的业务，我相信会有不一样的通道定义。也许您的客户会通过谷歌地图与您交流。也许您会在 Tinder[①]（一款手机社交应用）中和他们相遇。这些我并不关心。因为这并不是我的业务。这是您的业务。

作为第五步，为客户经过的每条通道**定义接触点**。记住，旅程地图就像是一个故事。请以客户的视角，漫步于他们的旅程中，您应该能够找到所有主要的接触点。例如，"他们首先在 Medium 博客平台上看到了一篇博客文章，接着在我们的网站上阅读了白皮书，然后从线

---

① 译者注：2012 年 12 月上市，有 2 万名用户，一个月后，下载量达到了 45 万。2014 年 9 月，获得 10 亿美元融资。2015 年 11 月，发行了 330 万股股票，总的融资规模为 5.36 亿美元，公司估值在 29 亿～34 亿美元之间。

上应用程序商店下载了免费试用版，等等。"并不是所有的通道都是一样的，您可能需要优先考虑一些通道。由于有大量可用的工具和技术，现在有许多这样的交互点。完全覆盖所有的通道和接触点是不可能的。请把自己限制在那些典型路径上。

作为第六步，也是最后一步，要**定义体验**。对于每个接触点，可能需要保留一些记录。此时人们有哪些需求、情感和期望？此时的主要任务和行动号召是什么？相关度量指标表明发生了什么？顾客的体验是"惊喜时刻"还是"惊吓时刻"？请用您了解到的人们的真实旅程来修改旅行地图，以确保把假设改为实际的观察。

旅程地图是将其他几个实践结合在一起的综合工具之一。在选择精益角色和价值定位轮的不同区域时，应该考虑客户有待解决的事情以及团队当前的北极星指标。所有这些结合在一起，应该会产生精益实验的想法，而这些想法可以加入到产品待办事项列表中。所做的一切必须尽早聚焦在向客户交付价值这件事情上。

然而，许多组织对客户和用户的体验视而不见。他们并不知道客户会遭遇什么"惊喜"和"惊吓"。但是，通过客户访谈、用户调查、客户观察、网页分析、客服支持日志、产品评价和社交媒体聆听等多种工具，了解人们对产品的实际体验并不是那么困难的事情。就像世界地图一样，您的旅程地图一开始可能是基于你们的最佳猜测和一堆假设，但它们可以发展成为精确的导航工具，帮助在整个旅程中找到神圣的牛和可怕的猫。

相关说明、文章、书籍、案例以及下载资源，可以访问 https://startup-scaleup-screwup.com/product-vision。

海盗的故事

找到从"认知"到"变现"的成功之路，并用海盗指标来进行度量

"我们什么时候能有 iOS 版本？"

"在我们找到适合的产品/市场契合度之后。"

"哦，那您什么时候才会找到合适的产品/市场契合度呢？"

"我们的海盗指标应该会给我们一个信号。"

"什么是海盗指标？？"

译者注：本章"A Pirate's Tale"来自格尔金·茨威格那（Gertjan Zwiggelaar）于 2008 年出版的同名冒险小说。

"我很高兴您问了这个问题。"

海盗指标，也称为"AARRR 指标"或"AAARRR 指标"，是由 500 Startups 公司的创始人戴夫·麦克卢尔（Dave McClure）提出的一套度量指标，用以指示商业模式对您和您的客户有多大效用。有些人认为这些指标是优化销售漏斗或营销漏斗的好方法。我认为这些指标是改进各种漏斗的好工具。创始人、企业家和内部企业家可以使用海盗指标来决定团队应该把大部分精力花在什么地方。（参见图 23.1）。

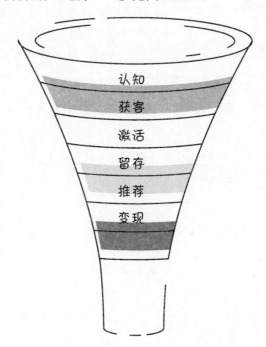

认知

获客

激活

留存

推荐

变现

图 23.1　海盗指标（AAARRR）

您会注意到，由海盗指标定义的多个阶段与高层级旅程地图的各个阶段有很大的相似性。这并不是巧合。使用高层级旅程地图，可以描述客户从第一次接触业务到享受产品体验的整个过程。海盗指标描述了类似的路径，从客户对业务产生认知到他们为您带来新推荐的其他客户。然而，两者又有两个重要的区别。

首先，旅程地图总是**从客户的视角**来描述体验。旅程地图透过客户的眼睛来讲述人们与业务互动的故事。然而，海盗指标描述的是与您相关的阶段，而不是与您的客户相关的阶段。他们指出的是您在吸引、引流和取悦新客户等方面的绩效如何。虽然旅程地图和海盗指标很相似，但还是不太一样。

其次，旅程地图可以为任何类型的客户体验创建不同层级的细节。例如，他们可以跨越若干年从摇篮到坟墓，也可以涵盖一天内发生的一个小的交互场景。然而，海盗指标总是覆盖商业模式中几个相同的阶段：如何吸引和留住客户？

让我们仔细看看，让您亲自体会两者的不同之处。

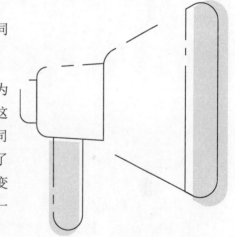

最初的海盗指标工具由五个阶段组成，因为有助记符 AARRR，所以人们很容易记住这套指标。后来，企业家和营销专家乔丹·司戈尔（Jordan Skole）又在这个基础上增加了一个叫"认知"的额外阶段，把这个工具变成了 AAARRR 指标，前面又额外加上了一个 A。

司戈尔建议，任何成功的业务交易都是向潜在客户介绍自己并让他们采取行动开始的。例如，传统广告、社会媒体广告、搜索引擎排名优化和会员制营销，等等，正是这些不同的工具和技术在创造产品在市场的认知度。在认知阶段，潜在客户会意识到您的产品的存在。如果没有顾客认知的建立，其他阶段将无法完成任何事情。您的团队就像是在泥潭沉底。

在高层级的旅程地图上也可以放入一个认知阶段。那些之后才喜欢产品的顾客首先得愿意去认知到它的存在！在第一个阶段，海盗指标似乎与客户的利益保持一致。任何愉快的业务-客户关系都是从相互了解开始的。在这个阶段，可以使用以下指标来衡量绩效：站点访问量、印象、关注时长（分钟）和页面浏览量等。

当您还在验证商业模式和寻找合适的业务/市场匹配度时，可能不想花太多时间在这个认知阶段上。因为此时只需要少量的客户试用原型，以了解业务是否按预期工作。只有当您找到合适的业务/市场匹配度，在业务生命周期中完成了稳定阶段（5）之后，才有必要打开大门，向更广泛的受众推广产品。这意味着，对大多数企业来说，海盗指标的认知阶段只与业务生命周期中加速阶段（6）以及之后阶段相关。

第二阶段，**获客阶段**，也是戴夫·麦克卢尔（Dave McClure）最初在助记符 AARRR 中排第一个的阶段。在其他模式中，获客有时会被称为**转化**或**兴趣**。在这个阶段中，需要了解谁是您的潜在客户，以便将来可以找到他们。这一阶段把一些人从匿名的路人变成指定的和合格的潜在顾客。

例如，可以让人们下载白皮书以得到他们的电子邮件地址，让他们关注你们在 Twitter、Facebook 或者 Instagram 的账号，让他们订阅您每月发布的时事通信，或者在商业展会中给他们一支笔或一个压力球赠品来换取他们的名片。一旦获取他们作为潜在客户的资料，就可以从他们那里收集其他可能与业务相关的信息。在这一阶段，可以衡量的电子邮件订阅量、白皮书下载量、网络研讨会注册数、名片数或其他任何能显示人们对您所提供的服务感兴趣的东西。

在把注意力放在认知阶段之前，就应该为获客阶段开始进行一些工作。一旦有了一个关于产品愿景的描述，就应该可以做这些事情了。毕竟，有了一个让人们生活变得更好的想法，就可以开始收集那些想要参与这场冒险的人的信息。说实话，早在我们公司成立之前，在公司启动阶段（1）我就开始干这件事情了。

此时，可以看到海盗指标与旅程地图在目的上有哪些差异。在获客阶段，您的目标是获得有价值的潜在客户的信息。但是，从来不会有顾客这么说："神圣的牛啊（天哪），把我的联系方式告诉您，这真是一次奇妙的体验！"也许对您的客户来说，获取一份独家白皮书、一篇有用的时事通讯或者在会议上获得免费赠品这些才算是不错的体验。可以用旅程地图来描述这些体验。旅程地图是和客户相关的，而海盗指标是与您相关的。

第三个阶段是**激活**，有时也被称为**考虑**或**互动**，在这阶段客户开始试用您的产品。在这里，您的目标是优化引入客户的流程，以便人们轻松快速地了解产品的价值。他们需要尽快看到该产品如何减轻他们的痛处，并给他们带来一些好处。这是漏斗中最重要的一步，因为这步的目标是让客户直接体验您的价值定位。这意味着，从用户尝试产品到体验他们的第一次惊喜时刻，这之间任何冗余花哨的步骤都应该移除。

有些人也把激活过程定义为从第一次试用到他们再也离不开这款产品这两件事情之间的时间。可以说这是从第一次约会到接受订婚戒指的时间。从那一刻起，您有了一个忠诚的伙伴，他/她也不仅仅只是您随意探索的特性和选项了。

您在这阶段定义的指标对产品团队非常重要，您可能会将它当作北极星指标。它是指示用户从您的产品中获得的实际价值的一个指标。例如，每个客户的订单值、在应用程序上花费的时间、SaaS 平台上每个用户产生的兆字节数或事务数量。考虑到这一阶段的重要性，很明显，这应该是您在业务生命周期验证阶段（4）期间关注的重点。这阶段您会证明的产品是有效的而且您有一个满意的客户。

在我与彼得·道兹（Peter Dowds）的 Skype 通话中，Elder 的这位 CEO 告诉我他在团队中使用的一些激活阶段指标。

> 我们的一个衡量标准是客户是否有一个按计划执行的第一周护理。这就是说，对于每一位顾客，根据我们所设计的服务和流程，在最初的七天里有正常的顾客体验，使用这个指标是因为我们相信这与未来的顾客留存率有很强的相关性。因此，我们将这个指标作为重中之重的关注点，以确保我们的服务的健康运行。另一个是回聘看护者。客户是否会回聘之前的护理人员？我们相信，服务的连续性是留存顾客的关键，我们非常重视这一点。这是我的第二家创业公司，这一次我比第一次创业时更注重数据。您真的需要那些关键的 KPI 和那些北极星，即那些特别重要的指标。
>
> 彼得·道兹，Elder 公司 CEO 和联合创始人，英国伦敦

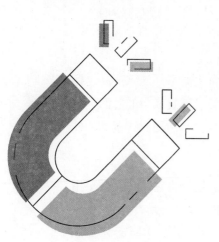

第四阶段被称为**留存**。只让客户拥有短暂的快乐是不够的。为了业务，为了你们的关系，让伙伴留下来是很重要的！您希望人们定期回来使用产品或服务，否则必须花所有的时间去寻找这些客户的接替者。而获取新客户比留存现有客户肯定要昂贵得多。留存率，也称为**忠诚度**，是衡量你们在一段时间内为彼此创造了多少价值的指标。如果能保持较高的留存率，就能省下一大笔钱买新的订婚戒指。您的目标是让产品有粘性。如果没有黏性，要么是因为产品不够好，要么是因为您吸引了错误的客户。

当企业采用了订阅模式时，要衡量顾客流失率（**每个月顾客的退订率**）。当您有另一种类型的营收模型时，可以度量实际的产品使用次数、重复购买次数或维护次数。无论怎样，当因为太多的客户放弃您的产品而导致留存率低的时候，就出现了我们所说的"漏桶"现象。请务必亡羊补牢，先把桶修好，再往里面灌水。在进一步优化认知和获取阶段之前，需要先关注留存。

肖恩·埃利斯（Sean Ellis）提出了一个流行的用户留存指标，建议定期调查一部分客户，问他们这样一个问题："如果您不能再使用我们的产品，您会有什么感觉？"答案的可选项是**非常失望、有点失望、并不失望**以及**我不用这款产品**。这个想法是，如果至少有 40%的客户说他们会非常失望，则说明您所打造的是一款"**必须有**"（刚需）的产品。这是一个信号，您可能已经非常接近适合的产品/市场契合度了。

海盗指标中的留存阶段是业务生命周期中验证阶段（4）和稳定阶段（5）中最应该关注的。需要将留存率与所在行业中其他业务的常用指标进行对比，应该在进一步扩大业务规模和提高产品认知度之前先让客户留存率稳定下来。

第五阶段，**推荐**，字面意思很容易理解。有时也被称为**拥护**或**推广**，这是指您的客户向他们的朋友推荐产品的意愿。在推荐阶段中的出色表现就像是让规模化扩张的天堂成为现实，因为成为拥护者并带来新客户的那些用户对于您来说真的是最好的（也是最便宜的）销售人员。热情的用户会乐于推广您的产品，并帮您做出合格的推荐，对于一个实际可用的产品而言，这也是产品成功的终极测试。

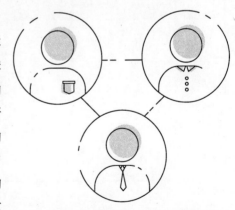

在第五个阶段，可以衡量社会份额、优惠券数量、折扣码数量和收到的推荐数量。有些人建议您可以使用净推荐值（**指某个客户将会向其他人推荐该产品的可能性的指数**），但我对此表示怀疑。每天都有一些公司问我有多大可能向我的朋友推荐他们的产品。"从 0 到 10，您推荐我们这款自拍杆的可能性有多大？我们的杀臭虫喷剂呢？我们的便秘缓解茶？" 我真的不胜其烦，所以从不回答这些调查。询问某人是否会做一件事，与他们实际会不会真的去做，两者有很大差别。我建议您衡量实际的推荐数，而不是去衡量推荐的**想法**。当您有足够证据证明您的产品在验证阶段（4）的有效性后，从稳定阶段（5）开始直至以后的多个阶段，需要关注以上所说的推荐阶段。

最后要讨论的是**变现**，有时也叫购买。这个阶段是所有其他阶段的逻辑结果。一旦获取了足够的用户，且激活了他们中的大多数，也让他们喜欢上了您的产品，也为他们把产品推荐给他们的朋友提供了便利，不需要动脑筋就能轻易完成变现。

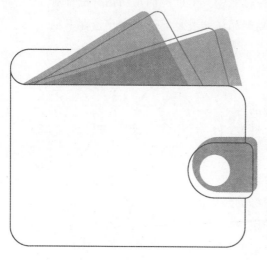

变现阶段可以放在漏斗的不同位置上。最佳位置取决于收入模型。一些业务在新客户完成激活时立即收费。另一些只在一定时间后收费（比如"第一个月免费！"），让新用户有机会在激活阶段体验到惊喜时刻。还有一些公司甚至更晚才向客户收费，首先提供免费增值模式，然后在用户要求额外功能或升级时才切换到付费模式。

这里最相关的指标是客户生命周期价值（CLV 或 LTV）和获客成本（CAC）。CLV 是您在客户关系的整个生命周期中平均赚取的收入。CAC 是为了获取相同的客户而在销售和市场营销上花费的总金额。LTV：CAC 这个比率，就是您想要优化的指标。您可能在业务生命周期中的验证阶段（4）就已经开始向客户收费了，因为来自付费用户的反馈总是比来自免费增值模式用户的反馈更靠谱，但您可能只会从稳定阶段（5）开始优化这些收益相关的公式。

虽然海盗指标所描述的漏斗看起来类似于高层级的旅程地图，但是旅程地图是以用户的视角来描述一个故事的。您的客户对推荐或留存不感兴趣，只有您才对此关注。海盗指标描述了哪些事情对商业模式成功非常重要。不要错误地认为顾客天然地希望您的生意欣欣向荣。他们中的大多数人并不在乎这一点。他们更关心自己在网上的形象看起来很棒以及其他个人相关的问题。当然，您也应该关心他们的问题。

随着商业模式的成长，海盗指标会变得越来越重要。一开始，通过与少数早期客户的直接对话所获取的定性反馈可能对业务最有帮助。不久之后，您会越来越多地转向带有运营指标的定量方法。只要还在验证是否有一个实际可用的产品，大体上就可以只关注您的激活和留存指标。在验证阶段（4），需要解决核心问题。

相关说明、文章、书籍、案例以及下载资源，可以访问 https://startup-scaleup-screwup.com/product-vision。

孪生测试

了解增长黑客和转化率优化，以及拆分对比测试、多元测试和同类
群组分析等重要工具

这本书差点就取其他名字了。出版商更喜欢我把这本书命名为 Startup，
Screwup，Scaleup（创业、失败、扩张），也即把失败这个词放中间。但
我不喜欢这个主意，因为一个商业模式的正常生命周期包括出生、成长和
死亡。这也遵循事物的自然规律。除此之外，"失败"这个词就是一记重
拳，所以把它放在结尾更恰当。而且我还认为大多数人并不会真正关心单
词的顺序，但我的出版商却还是很坚持。出版社的营销部门认为，标题末

译者注：本章"Test of the Twins"来自玛格丽特·卫斯（Margaret Weis）和特蕾
茜·希克曼（Tracy Hickman）于 2001 年出版的同名龙骑兵奇幻小说。

尾的一个"贬义词"可能会影响北美地区的图书销售。对此，我回答说："我们只信上帝。其他人必须携数据而来。"

为了解决这个问题，我决定做一个测试。我通过我的邮件列表发送了一封电子邮件给大约一万人，我请他们通过点击和评分来反馈他们对我的新书封面的喜爱程度。但人们不知道的是，我其实发出了两个版本的封面。于是一半的订阅用户收到一个亮粉色的封面，上面写着标题 Startup，Screwup，Scaleup（创业、扩张、失败）。而另一半人的邮箱里，一个亮粉色封面上面印着 Startup，Screwup，Scaleup（创业、失败、扩张）。我还专门在两个群体中再细分成北美和世界其他地区。这个拆分对比测试的结果十分有意思。

结果证明，出版商和我都是正确的。在点击测试中，中间带有"失败"字样的图书封面点击率明显更高，但却仅限于北美地区。除了北美，在世界上其他地方，人们对我所偏好的把"失败"放末尾的版本的喜爱程度稍高一点。但每个人对粉红色都有同样的抱怨。我提出了以两个书名在不同地区发行这本书的想法，但事实证明这会成为一个物流方面的问题。所以，我说，"好吧，那就选我建议的标题。我们希望优化全球的销量，而不仅仅是北美。并且，让我们把封面颜色从粉红色换成白色吧。"这可能是我用真正的证据而不是凭借固执和坚持所赢得的第一次辩论。

我在这里描述的拆分对比测试是一种转化率优化（CRO）技术。书的封面和标题旨在让人们足够好奇，这样他们就会继续去读书的概述和书评。通过一个简单的测试，我优化了人们从对书的认知到对书的兴趣的转变。（有些标题在这方面确实比其他标题更好。）我们很容易在书的封面、网上登录页面文本、时事通讯的格式设计、配色方案和行动号召按钮上产生分歧，我们也很容易全凭自己直觉判断是什么让人们从一个阶段转换到下一个阶段。CRO 的工作是以数据驱动的方式来优化漏斗中的阶段转换。

当我提到漏斗时，我想到的典型例子是销售漏斗和营销漏斗，它们所包含的标准阶段可以使用海盗指标来进行度量。但是，您也完全可以将相同的工具应用到其他类型的漏斗中，包括那些针对投资者、捐助者、会员甚至求职者的漏斗。您还可以应用相同的技术来优化跨旅程地图的客户体验。在这一章中，为了简洁起见，我把它们统称为漏斗。

转化率优化有个更时髦的年轻姊妹称为**增长黑客**，这个术语是由营销大师肖恩·埃利斯（Sean Ellis）所创造的。它指的是，通过快速实验流程找出最简单的方法来使用销售或营销漏斗改善客户流动，从而加速业务的增长。增长黑客通常在小型的跨职能团队中运行，该团队由市场营销人员、开发人员和产品经理组成。您可以说，转化率优化和增长黑客实际上有着相同的目的。然而，传统上 CRO 主要集中在内容营销的认知和获取阶段，而增长黑客更关注于产品开发和整个漏斗，包括留存和推荐阶段。

使用增长黑客技术的人们经常说，他们的目标是现有商业模式的持续增长。就我个人而言，我不喜欢**增长**这个词，因为我不认为增长本身应该成为一个目标。为生长而生长，那是癌细胞的生长目的。但是，如果您的目的是让人们对一款伟大的产品感到满意，那么很明显，要让**更多**的人满意，就需要您增长自己的业务。当您可以改变 1 亿人的生活时，为什么只改善 100 个客户的生活呢？我觉得，"影响刺激器"或许是一个比"增长黑客"描述得更准确的术语，但我从来都不擅长命名。

"增长"这个词是一个明显的提示，在业务生命周期中，最好在哪个阶段引入增长黑客和转化率优化呢？没错！在完成了商业模式验证之后，在稳定阶段（5）和加速阶段（6）最适合引入它们。当产品真正发挥作用的时候，就可以开始为增长发挥黑客式威力了，这样就可以在用户参与度和

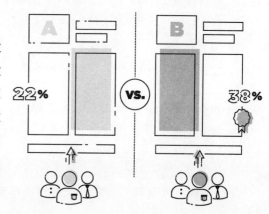

用户留存方面有收效甚好。但优化和发展一些没有实际用处的东西就完全是在浪费时间。一个增长黑客团队只能在找到合适的产品/市场契合度之后才能对商业模式进行加速，在此之前进行加速是没有意义的。就好比不要让孩子在学会走路之前就穿上旱冰鞋。

之前我所描述的书名测试，使用增长黑客和转化率优化的人们通常将之称为 A/B 测试或拆分对比测试。这是一个简单的测试，把所有受众一分为二。您给他们看同一件东西的两种不同版本，然后衡量哪一种效果最好。这就像双胞胎一样，虽然他们几乎一样，但又不完全一样。第一个，原始版本 A 被称为**控制版本**，而那个新的替代版本 B 被称为**挑战版本**。在我给你们的例子中，我的原始书名是控制版本，而出版商的备选建议是挑战版本。

A/B 测试特别适合放在精益实验的结尾。这个实验是让事情变得更好还是更糟？让我们用 A/B 测试来验证！事实上，拆分对比测试在许多其他假设驱动的环境中都是一种常见的工具，包括需要验证假设的产品开发和服务设计。对每个新特性都进行带定量度量的拆分对比测试可能不太现实，因此建议只在一个好的或坏的选择可能产生重大影响时，或者在早期阶段定性信号没有在选项中显示出明显更优项时，才使用这种拆分对比测试。

在一个正确执行的 A/B 测试中，除了要测试的变量部分，您向两部分观众展示的内容以及展示的方式必须是完全相同的，否则您无法得到确定的结果。例如，在书名测试中，我并没有选择在早上发送版本 A 的测试，晚上发送版本 B 的测试，因为时差可能会影响测量结果。

Booking.com 的敏捷教练梅兰妮·卫瑟（Melanie Wessels）告诉我，她的公司对测试非常重视。

> 我们对每一件事都进行了 A/B 测试。我们采取小步快跑的方式，让创新变得更快。例如，在中国街道地址的书写格式和在西方

世界的习惯是不一样的。当然，我们正在努力地拓展中国业务，但这真的很困难，因为有一些当地竞争对手非常强大。我们想确保让我们的中国客户觉得我们的网站有他们熟悉的风格。想给他们带来舒服的体验。所以，我们做了一个关于街道地址格式的实验，然后在很短的时间内，我们就扭转了这个逆势，创造出对于中国客户而言更友好的街道地址格式。就是这些简单的事情。也许这是一个平凡乏味的例子。但我们这里所有事情都是经过测试的。真的是所有事情。

梅兰妮·卫瑟，Booking.com 敏捷教练，荷兰阿姆斯特丹

这次访谈结束后，我和梅兰妮（Melanie）去阿姆斯特丹市中心的户外散步，我还品尝了一杯非常美味的咖啡。

有时，您想要把测试的内容分成版本 A 和版本 B 两个部分并不是一件容易的事情。A/B 测试的一个更复杂的替代方法称为"多元测试"（Multivariate Test）。在这种类型的测试中，可能会出现多个变量，每个变量还可能有多个版本。例如，对一个网站的登录页面的多元测试可以包括多个配色方案、各种字体字号和"行动召唤"按钮的多种位置。

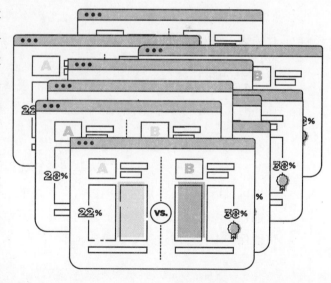

为了得到多个变量和版本的最佳组合，需要进行大量的测试。

幸运的是，有一些软件解决方案可以帮助您完成所有繁重的工作。然而，一个重要的需求是，要有足够多的受众来运行测试。拥有的变量和版本越多，所需要的测试受众规模就越大，而得到有意义的输出结果所需的时间也就越长。我的建议是，可以放心地把这项技术的使用推迟到加速（6）和结晶阶段（7）。在前面那些阶段中，您可能根本没有足够的受众。

当我测试书名时，我还用一个提供简单统计数据的在线工具进行了另一个测试。结果发现，一般来说，年纪大的人更喜欢出版商建议的书名（把"失败"放中间），而年纪小的人更喜欢我的版本（把"失败"放在后面）。这是有道理的，因为随着我的年龄越大，我就越意识到，在我年轻的时候，我更经常遭遇失败、低潮和变道。

出版商通常不会将同一本书以不同的书名卖给不同年龄段的人，但在应用程序、网站或其他数字产品里，根据年龄、性别、地区或行业来实现产品的差别化设置是很容易的。可以通过考虑不同的客户群体来对您的漏斗进行优化。例如，对于 X 受众群体，产品的 A 款可能更好，而对于 Y 受众群体，则可能是 B 款。修改产品和宣传方式，向不同的客户群体展现不同的产品款式。例如，给年轻人提供 emoji 表情、贴纸和网络俚语，而为我这样的人，则采用文风标点都规范正确的语言。

请不要对此感到惊讶，一切都是相互关联的。例如，对一个按钮进行微调，可能会提高北美地区母语为英语的群体的回复率，但又可能会影响欧洲地区母语为非英语的群体的参与率。如果没有识别出这些受众群体，您可能根本没有意识到其对应的任何变化，因为从总计数据上看，回复率有可能保持不变。您永远不会知道这其中的影响，直到真正去测量。

通过同类群组分析（Cohort Analysis），可以进一步实现转化率优化。一个同类群组就是一群人，您在一段时间内对他们进行追踪并研究他们的行为。使用拆分对比测试，您只关注一个行为。通过同类群组分析，您可以关注一系列的行为。您将共享一个特定变量的值的人归为同一个群体，然后去分析不同群体对您的产品不尽相同的参与流程。

例如，可以查出那些访问您博客或网站的人从何而来。为此可以用谷歌搜索、Facebook 广告、Twitter 更新和直接链接来定义多个访客同类群组，然后使用谷歌所提供的 Google Analytics 工具（一种网站流量统计分析工具）来分析这些同类群组的行为差异。还可以把您的每周通讯当作另一个例子，人们针对任何一篇特定的通信采取了行动，可以基于这个条件来定义同类群组，然后可以追踪这些不同群体在回复您的电子邮件后又在干什么事情。

将一组来自同个群体的客户聚合归类在一起，然后随着时间的推移跟踪他们的行为以了解他们的行为与其他群体有何不同时，我们称之为基于客户群体的同类群组。例如，您可能会发现，较之那些通过 Facebook 广告找到您的产品的客户，那些通过谷歌搜索找到您的产品的客户有更高的留存率。或者您可能会发现，比起那些在没有促销的情况下注册的客户，那些使用了折扣券的客户反而有更高的流失率。这些信息都是非常有价值的，因为它可以帮助您优化营销策略。销售漏斗或营销漏斗本身就已经是很好的工具，使用了同类群组分析后更是如虎添翼。

一种特殊的同类群组是基于时间划分的同类群组，它根据人们第一次发现、访问、购买您的产品或执行其他一些操作的时间段将人们进行分组归类。当增长黑客使用基于时间划分的同类群组时,他们通常会以周或月为单位对客户进行聚合归类,然后针对每个同类群组分别进行漏斗的各阶段分析。有了这项技术,他们可以发现一些事情,比如从第 12 周开始,新加入的用户的激活度增加了,或者夏季之后用户的留存率降低了。使用基于时间划分的同类群组分析,您可以回溯性地将指标的起伏与特定日期前后发生的产品变化和新特性联系起来。当您找到合适的产品/市场适合匹配度并准备进行规模化发展的时候,这种技术会发挥非常重要的作用。

A/B 测试、多元测试和同类群组分析都是增长黑客和转化率优化工具箱中的重要实践。它们典型的适用环境是创新漩涡的"敏感化"工作流,因为这些工具的目的都是为了在团队取得进展的过程中不断创造新的发现。

您可能想知道为什么有些人把这个领域称为增长黑客。测试和挖掘宣传中最棒的信息、产品中最有效的特性以及受众群体的恰当细分,这些可不仅仅是黑客行为,是对销售漏斗或营销漏斗进行纪律规范且专业科学的优化。但它也伴随着危险。很多时候,人们倾向于事无巨细地去调整特性、文本、颜色和字体大小,以求提高转化率,从而在短期内实现快速增长。一叶障目,不见泰山,太过纠结于细节,容易失去大局观。

如今,每个企业都有海量的数据可供处理,人们很容易迷失在数字中,只去关注那些可以立即度量和优化的数据。但通往山顶的路很少有一条笔直向上毫无曲折的道路。事实上,如果为了提高而坚持去完成每一条改进措施,那么您有可能永远都达不到在顶峰的目标。有时候需要以退为进,往下走一步,才能向上走两步。不要将许多琐碎步骤的优化与整个旅程的优化混为一谈。请聚焦于产品愿景、价值定位轮、北极星指标和为客户创建的旅程地图。

我在巴塞罗那与 Typeform 公司产品部门的塞巴斯汀·菲力克斯(Sebastien Phlix)和米洛斯·拉力克(Miloš Lalić)聊天,他们也同意我的看法。

　　我们现在想要确定的是那些正确事情的细节，比如优先考虑主要的交互点，并真正地、真正地好好加以关注。至于其他的事情，只需要故意降低它们的优先级。这就是产品管理要做的事情。但我们真的想把产品提升到一个新的水平。这就意味着需要更多的客户访谈、大量的迭代、A/B 测试，所有这些都是为了确保我们确实是在解决这个问题。

SPO 塞巴斯汀·菲力克斯和 PO 米洛斯·拉力克，Typeform，西班牙巴塞罗那

我认为他们做得很好，因为我自己就是一个 Typeform 产品的重度用户。我自己的团队也在努力做正确的事情。当您和我们一样还在寻找适合的产品/市场契合度时，做正确的事情比把事情做正确更为重要。探索就是要找到正确的事情去关注。而执行就是从运营的角度把事情做正确。探索总是先于执行。先得做正确的事，然后再把事情做正确。

对于我的团队来说，现在做任何多元测试或同类群组分析都还为时过早。但是我们可以通过做一些简单的拆分对比测试来为我们的增长黑客能力锻炼出肌肉。现在，我的团队正在为那些想要参与我们即将到来的多轮敏捷融资的投资者创建一个新的旅程图。我们可能很快就会着手优化我们新的股权众筹漏斗。那会是很有趣的事情。

相关说明、文章、书籍、案例以及下载资源，可以访问 https://startup-scaleup-screwup.com/product-vision。

文化冲突

确定核心价值观，创建文化要求，运用故事和奖励来为扩展业务做好准备

在上周的某次每日咖啡会谈中，我告诉团队，我想开始在公司博客上发布一些业务指标，每月或每季度发布一次。是一些来自于其他创业公司的文章启发了我，这些公司在完全透明的文化下取得了巨大的成功。既然我们已经在为新的多轮敏捷融资做准备，那么完全对外公开我们的失败和成功将是很好的营销方式。正如我最近所想起来的，**透明度**是我们团队的核心价值观之一。

译者注：本章名"Culture Clash"来自吉恩·唐纳森（Jean Donaldson）于 1996 年出版的同名宠物狗训练书籍。

前一段时间，我试图回忆我们团队在哥本哈根的那次团建上达成的其他核心价值观。我至少花了一个小时去尝试回忆，但还是想不起我们讨论得出了什么结果。然而，突然，我有了主意。我打开 Slack，在搜索框里输入"助记符"（mnemonic）这个词。果然，找到了！三个月前，我给团队发了一条信息：

> "我为我们的五大核心价值观找到了一个助记符 PETIT，它代表激情（Passion）、共情（Empathy）、信任（Trust）、正直（Integrity）和透明（Transparency）。也许它能帮助我们更容易记住这些价值观。"

嗯，这个小把戏确实帮了我一个大忙。

作为一个创业公司或规模化扩张公司的创始人、企业家或内部创业者，您有很多首要任务。有时候，您的首要任务就是雇佣一个优秀的团队。还有一些其他时候，您的首要任务是获取资助或客户。在这些重要时刻之间的很多时候，首要任务就是不要把事情搞砸。但在其余的绝大部分时间中，首要任务是为企业培养正确的文化。

Flixbus 的联合创始人兼 CIO 丹尼尔·克劳斯（Daniel Krauss）也认同我的看法。

> 建立和维持恰当的文化，以优秀的人才来扩大组织规模，以透明且公平的方式决定谁可以加入，谁必须离开，谁应该晋升，等等，这是我工作中最有挑战的部分。这比我原来想象的有挑战得多。所有其他的挑战，比如扩展我们的平台，总会找到解决方案。如果人员编制部分管理得当，那么您就会有很多人想出可用的解决方案来解决这些挑战。无论怎么说，这仍然是我工作中最具挑战性的部分。
>
> 丹尼尔·克劳斯，Flixbus 公司的联合创始人和 CIO，德国柏林

自从那次访谈之后，每当我看到一辆绿橙相间的 Flixbus 巴士经过，我就会想到组织文化的影响。

文化是一种由共同的信念和价值观所组成的系统，它会让人们产生某些行为、习惯和仪式。每个组织都有自己的一种文化。事实上，有多种文化。可能每个单独的团队、部门和业务单元都有自己的亚文化。这些文化总会以这样或那样的方式形成。如果自己不刻意培养一种文化，就可能得到一种您可能不太乐意见到的文化。所以，最好把文化发展放在第一位来考虑。尤其是业务看起来很快就会迎来规模化扩张的时候。

良好的企业文化是企业健康发展的基本要求。组织规模越大，人们在没有您亲自参与的情况下做出的决定就会越多。当您不在场，人们做出决定或讨论决定时，影响他们的最佳方式是通过一个共同的愿景和一个共同的文化。换句话说，组织文化就是用来影响公司上下行为的东西，因为您无法对自己本人进行扩张。

文化是一套影响人们行为的信念和价值观，接受这个关于文化的定义，您就可以排除一些不属于文化范畴的东西。文化不是激励人心的海报、T恤、帽衫、团队午餐、桌上足球、免费按摩以及周五下午的饮料。这些事情可能是文化的结果，但它们不能定义您的文化。相反，文化是组织的特征，它通过人们如何对待彼此和组织的干系人来体现。文化也不是员工手册上列出的那些价值观。文化是按照员工手册中的重要信息所产生的行为。

对于创业公司和规模化扩张型公司而言，什么才是好的价值观？我们什么时候会认为一个共同的信念特别重要，以至于让我们把它提升为核心价值呢？这点验证起来很简单。某人他/她始终不按某种价值观行事，当你们因为这个而决心解雇他/她时，这个共同的信念就是一个核心价值观。人是世界上最了不起的资源之一，但他/她没有表现出要尊重某种价值观的意愿，当你们因为这个而决定不聘用他/她时，这个共同的信念就是一个核心价值观。当你们愿意为了坚持自己认为正确的事情而放弃金钱时，这个共同的信念就是一个核心价值观。简单而言，核心价值观有让人忍痛割爱的力量。

例如，当创始人准备解雇那些有歧视行为、种族主义行为、性别歧视行为或偏执行为的员工时，平等就是一个核心价值观。当商业领袖拒绝贿赂某人以在市场上超越竞争对手时，正直就是一个核心价值观。如果想知道一个公司的真正价值观是什么，就去看看管理者在面临严重资金危机时所做的决策。可以观察一下，领导宁愿危害到他们的钱包也选择不去做的事情。对于很多人而言，核心价值观可能是难以坚守的。当每个人都很容易同意并按照某些价值观行事时，此时把这些普适性价值观当作核心价值观也并没有什么意义。而有些价值观在某种程度上会排斥那些因为动摇而犯错的人，也会让您做出令所有人都痛苦的决定，请选择这些作为核心价值观。

Pipedrive 公司的 CTO 谢尔盖·阿尼金（Sergei Anikin）给我举了一个有趣的例子。

> 我们有时会遇到一些来自客户的特性请求与我们的价值观相悖。我们会坦诚地告诉客户，这些特性永远不会出现在我们的平台上。一个非常简单的例子是，人们——尤其是管理人员——经常要求我们加入一些强制字段，在这些字段上系统会要求用户输入特定的数据。但是这违反我们的原则，我们的工具不应该阻碍销售人员实际发生的销售行为。我们也理解完整数据的重要性，但这不应该妨碍一个人的销售工作流。销售人员不想遇到这样的情形："不，您现在不能卖产品，直到您填完 10 个必需的领域才能卖，"而当时他们很可能没有那些信息。他们只是想继续推进自己的工作。然而经理说："是的，但是我们需要这些数据。" 我们公司会说："对不起，如果您的销售人员需要先处理所有这些繁琐的数据

工作，那么他们就没法做销售。"

谢尔盖·阿尼金，Pipedrive 公司的 CTO，爱沙尼亚塔林

组织中的工作方式也是文化的一部分。在组织中，人们如何完成他们的工作？每个人都在同一场所办公还是远程工作？所有的员工都使用相同的工具，还是团队成员可以使用自己喜欢的任何工具？每个人都加班，还是他们更重视保持可持续的工作节奏？创业公司往往有许多不成文的规定，而这些规定和核心价值观也一样重要。当一些团队成员不遵守这些默认的共享规则时，创始人就会做出艰难的决定。要么换人，要么换规则。

作为创业公司文化的一个例子，500 Startups 的麦特·伊尔斯沃思（Matt Ellsworth）与我分享了全球创业公司在工作时段方面的不同价值观。

当我第一次开始与欧洲的创业公司合作时——当然，这个例子也许并不适用于所有的欧洲国家或所有的创业公司——但总的来说，我当时觉得，"哦，天哪。你们没有一点紧迫感吗？"在我看来，他们身上没有足够的压力，这是一种非常奇怪的感觉。我认为，总的来说，在足够努力和不高强度工作之间，人们很难找到平衡。但我注意到，欧洲的创业公司和美国的创业公司风格大相径庭。

我认为，实际上，根据公司所处的阶段，风格可能会处于这二者之间，这也许将是完美的状态。也许这只是我身上的美国特质作祟。我也不清楚。但总的来说，我不认为美国崇尚高强度工作和疯狂加班的创业环境有什么问题。在创业早期因为工作灵感迸发促使您自愿连轴转长时间工作，与在公司维持这样的状态 5 到 10 年是有很大区别的，如果一直都在进行全力冲刺，是撑不下去的。在创

业的过程中，总会有一些时段非常紧张忙碌，那时我们会说："好吧，下个月，我们得把一些东西做出来。但是在那之后，我们应该计划一段工作宽松的时期。我们不要把自己搞得油尽灯枯，疲惫不堪。"

麦特·伊尔斯沃思，500 Startups 公司合伙人，法国巴黎

我的团队在哥本哈根团建时曾经讨论了我们的一套价值观。一开始，我们讨论了为了雇佣新员工我们的招聘记分卡上应该罗列出哪些个人特质。然后我们意识到，我们对新团队成员的要求显然同样也适用于我们自己。我们把找出的价值观写在白板上，然后对我们最喜欢的价值观进行数点投票。我们还请了两名未到场的团队成员对这些价值观进行数远程投票。通过投票表决，浮现在白板上的一组词是激情、共情、信任、正直和透明，还带了一个很棒的助记符 PETIT，就是让我在无意间想起的那个词。

我认为这些都是核心价值观，因为我可以想象，如果一个优秀的候选人缺乏激情去实现我们公司的目的，即帮助我们客户实现更容易的改变，我肯

定不会聘用他。我可以想象，如果有人一再辜负团队成员之间的信任，就一定会被解雇。我还可以想象，当新客户要求我们进行一些暗箱操作而不是透明操作时，我们是绝不会和他们签约的。所以，是的，我相信我们找到了一套很棒的核心价值观。有时，坚守这些标准可能是痛苦的。但的确需要

有一些文化冲突。

我相信,一个企业的风格演变与一个人的性格形成是相似的。在早期,孩子的性格仍然是未定型且可塑的,作为父母,您有机会引导它朝某个方向发展。但随着时间的推移,当孩子长大了,他们的心智模式就会固定下来,即使给予再多的引导,也达不到任何想要的效果,每位青少年的父母可能都会同意这一点。对于创业公司和规模化公司来说,这个过程可能是类似的。一开始,创业公司的默认文化是由创始人认为重要的东西来定义的。但是,当第一批团队其他成员加入公司时,企业的风格就会发生变化,企业文化会处于不断熔融的不稳定状态。然而,只要有一个小团队,只要人们之间存在紧密的关系圈,就更容易为未来的协作定义新的规则。

然而,随着时间的推移,当业务规模变得更大时,维护原来团队曾经拥有的亲密关系就变得越来越困难。然后,就轮到第一个团队成员向新员工传授现有的文化。我们所希望的是,他们能分享一些精彩的故事和讨论一些核心价值观。虽然最初的创始人此时对团队的直接影响较小,但他们的影响是间接发生的,因为他们应该已经让组织和最早的团队成员准备好了应对更大的规模扩张。一旦企业发展进入青少年期并迅速扩张,现有的文化将很难脱胎换骨。

许多企业花了不少工夫,试图用文化手册、海报和咖啡杯来确定他们的价值观。如果您想要这么干,就这么做吧。时不时提醒人们什么是这个组织认同的核心价值观,我觉得这绝对没有什么坏处。如果有一个助记符能帮您记住这些核心价值观,就再好不过了。但是,设计一套文化要求幻灯片时,请不要把这个文档搞得像是一个

促销推广的文案。网上有太多文化要求看起来像是一堆营销废话，充满了虚假的照片和造作的语录。不要成为这样虚伪的公司。请务必保持真实。如果想要一本文化手册，就让团队帮助打造一本属于你们自己的手册。领导者不应该在没有其他人参与的情况下自行定义出一套价值观。

不要相信幻灯片和海报会对人们产生任何可度量的影响。我们通过故事和认可来产生互相影响，而不是助记术。团队成员会记得他们彼此之间讲述的价值故事。他们也会记住那些得到赞赏的行为，和那些受到惩罚的行为。但让他们想起曾经写在白板上的核心价值观，这并不容易。

为商务会议提供解决方案的 Management Events 公司，其 CEO 叶妮·特洛伦（Jenni Tolonen）给我举了一个例子，说明在她们公司价值观是如何体现的。

当我去吉隆坡办公室时，每次我们都以价值观开始全体员工会议。说起来这件事情有一个偶然的开端，因为我第一次去开全体员工会议时，我们对我们的价值观进行了一番讨论。到了第二次全体员工会议时，我问他们："好吧，我们是否牢记了公司的价值观？"然后我接着问，"为什么我们有这些价值观？它们是否与您的日常生活产生了共鸣？"当我第三次去那里的时候，我没有问价值观相关的问题。这本是无心之举，但我的一位销售主管在会后找到我，对我说："员工们想知道您为什么不问一下价值观呢，因为他们一直在做笔记准备回答您的问题。"

现在我们每次开全体员工会议都会讨论这些价值观。我总是问："为什么我们选择了一个价值观，比如，对客户的热情？"然后他们会说："如果顾客喜欢我们的产品，他们会成为回头客，这对我们的业务有好处。他们支付的钱，会成为我们的工资。"所以，我们试图找到价值观之所以成为价值观的根本原因。关键点并不在于员工们可以背诵这些价值观。我还会询问一些具体例子，比如，"在这一周里，我们对客户的热情体现在什么地方？"答案可能是"今天有个客户打电话来，我们弄丢了一张发票，我和财务一起解决了这个问题"。我们用这样的方式强化了基于我们价值观的员工行为。

叶妮·特洛伦，Management Events 公司 CEO，芬兰赫尔辛基

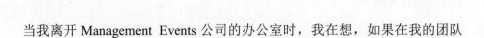

当我离开 Management Events 公司的办公室时，我在想，如果在我的团队的每日咖啡会谈或敏捷回顾会议上做类似的事情，影响会有多么深远。

作为创始人、企业家或企业内部创业者，需要在企业中培育健康的文化，为扩大规模做好准备。为了实现这一点，重点应该放在故事和奖励上。突出并赞扬团队中堪称楷模的行为。当一个人或一个团队做了一些与某条核心价值观产生共鸣的事情时，一定要让公司中的每个人都知道。必须让这些价值观凸显出来，但不是把它们印在咖啡杯上，而是公开认可那些做出艰难决定并成功克服巨大挑战的人。公司文化是由您雇用了谁、您如何奖励和认可员工以及您如何解雇他们其中一些人所决定的。但最重要的是，文化也是由您如何以身作则来定义的。

例如，我写书和博客来表达我对组织变革的热情。我并不擅长换位思考，所以我正笨拙地练习我的共情能力，所以每当我真诚地询问团队成员有关健康或家庭的近况时，我都会为自己做了重要的事情而感到自豪。我用对团队的充分信任来补偿我在共情方面的短处，我慷慨地把许多责任都授权给了他们。我希望没有人怀疑我的**真诚**，因为我在与员工和其他干系人打交道时总是力求公平和诚实。现在您已经读完了这本书，关于**透明**这个话题，我可能没有什么要补充的了。我就像一本摊开的书一样坦率直白，就像您手里的这本书一样。

我们的核心价值观助记符拼作 PETIT。这意味着小。对我们这样的企业来说，这是个好字眼。

也许在几年之后，我们会有一套新的价值观来完整拼出 GRAND（宏大）这个词。

也可能拼出 ZERO（零）这个词。

让我们走着瞧吧。

相关说明、文章、书籍、案例以及下载资源，可以访问 https://startup-scaleup-screwup.com/product-vision。

后记

瑞典斯德哥尔摩 iZettle 公司的首席精益敏捷教练萨沙·斯塔门科维奇（Sasa Stamenkovic）画完他们的组织结构重组时，白板上基本上没有空白的地方了。

> 我们正在尝试合力推进……价值流或称领域（或别的任何名称）。产品要推向市场，包括客户发现、产品开发、市场推广和销售，整个业务都包含在内。我们尝试尽可能流程化整个业务。因此，不像产品设计那样有自己的流程，然后上市推广，再销售。不是这样的，更像是一个跨职能团队，要负责照管所有事宜，包括从市场反馈倒推到研发。这有意义吗？

> *iZettle 首席精益敏捷教练萨沙·斯塔门科维奇，瑞典斯德哥尔摩*

是的，这对我来说很有意义。可以称之为业务模型、价值流、域或价值单位。我不太在乎具体用什么术语。我们的意思是一样的。我们的业务重点是创造价值的实体，我们可以将其描述为业务模型或价值流，再加上参与创建和维护它的每个人。

这个价值单元有一个我在 Shiftup 业务生命周期中描述的典型增长路径，它由几个阶段组成，比如启动、规模化扩张甚至（完美）上岸。我解释了如何运用 Shiftup 商业拼布来使这样的价值单元发挥作用，后者表明成功的企业是由许多商业模型组成的。在整个生命周期中，每个价值单元首先进行探索，然后主要执行其业务模型。我们用 Shiftup 创新旋涡的 7 大流程来描述描述这个增长过程的创新意义。最后，如果能够像大机构那样组织有方，你的公司就会像一个大家族那样由多个这样的价值单元组成。每个都处于业务生命周期中的不同路径上。

等等，这就是本书的摘要。

还有 6 个小时，我就要把手稿寄给出版商，我的团队正在准备明天的众筹启动。我相信他们能在没有我的情况下完成这项工作。我的邮箱向我展示了可以加入本书最后几章中的一些插图，是那些插画师发来的成品。我身旁的加热器让我在布鲁塞尔的小型家庭办公室里保持温暖。洗衣机旁边还有一个干洗机。可怕的是人心不足蛇吞象。

与此同时，我已经在考虑下一个项目了。

芬兰赫尔辛基 Futurice 的联合创始人沃马斯·司路雅伦（TuomasSyrjänen）和他的同事文化顾问主管艾娃·拉伊达（Eeva Raita）给我讲了他们公司用来优化其创新能力的分层方法，员工在公司的意式咖啡机旁自娱自乐。

> 就像洋葱，我们有些占股 100%，有些占较大股份。某些案子，我们只占股 15%或 20%。有些业务，我们在没有任何管理层参

与的情况下投了一些钱。我们一直在秩序和混乱之间寻求达到平衡，需要大量的精力和创新等。但是，仍然有太多地方需要保持一致，确保公司朝着理想的方向发展。

沃马斯·司路雅伦，Futurice 联合创始人，芬兰赫尔辛基

传统公司通常采用糟糕的方式来组织创新工作。研发部门、创新委员会、创新渠道，这些我都见过。但没有一个成功过。

作为公司，最明智的创新方法是抛弃旧有的结构和框架，重组一个企业家族，根据各自业务生命周期的不同，对所有家族成员进行区别对待。将整个公司整合到一个大型的创新渠道中，有初创企业，有规模化扩张型企业，是的，还有走向没落的企业。这样的情况，每个家庭都有。

我可以再写一本书，内容涉及如何撼动旧有的组织，加快其创新努力以及出资成立价值单元推动其挂挡走上高速发展的道路。撼动，加速，挂挡，嗯嗯嗯。我留下来的访谈和研究素材多的是。

创新需要摒弃过去，拥抱全新的方式。在我开始采访欧洲各地初创企业和大型企业时，首当其冲的是我在瑞典斯德哥尔摩的朋友马辛·弗洛里安（Marcin Floryan），他是 Spotify 的工程总监。那天天气很冷，我一边找地方，一边拿着杯拿铁给自己取暖。

　　如您所知，在 Spotify，我们喜欢用自己的特殊称谓来取名字，比如部落、小分队和行会。这样做的理由很充分。我们尝试选择没有用过的行业术语，这样可以帮助我们摆脱成规陋习。

马辛·弗洛里安，Spotify 工程总监，瑞典斯德哥尔摩

那天，马辛给我讲了我很多很多，改天我再和大家分享。说不定就在我正在酝酿的下一本书中。

访谈结束后，在出门的路上，我顺走了一本彩色的迷你手册，里面讲了 Spotify 的整个故事。也许有一天，我可以做一个这样的小册子来讲述我的公司。革命尚未成功，来日方长。